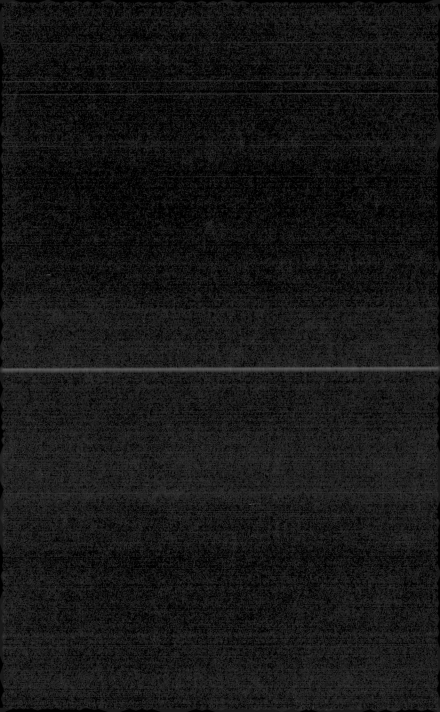

Migdal Babel

新教出版社編集部編

現代のバベルの塔

反オリンピック 反万博

Migdal Babel

新 教 出 版 社

はじめに

「オリンピックを人質にして、身代金をいただきましょう」――奥田英朗『オリンピックの身代金』（角川書店、二〇〇八年）の一節だ。主人公の島崎国男は、秋田から上京し、マルクス主義経済学を専攻するノンポリの東大院生。一九六四年の東京オリンピック開催を目前に控えた時代である。

国男はある日、オリンピック会場の建設現場で日雇い人夫をしていた兄が、謎の死を遂げたことを知る。その真相を追うべく、休学して自ら現場で働きだした国男は、過酷な労働と搾取の実情を目の当たりにする。怪我をしながらいくら働けど、給料は現場にはびこる違法賭博で巻きあげられる。元請けの社員からは容赦なく蔑まれ、たまに食う安い焼肉かヒロポンがせいぜいの楽しみ。兄はこんなところで死んだのか。いや、それはなかば殺されたようなものではないのか。

そればかりではない。東京がオリンピック開催に沸く一方、故郷・秋田の寒村にはなんの変化も希望もない。圧倒的な格差である。なぜ、こんなことが許されるのか。国男はその思いを胸に、オリンピックを妨害すべく国家にたいする爆弾闘争を企図する。開催阻止はもはやむずかしいかもしれない、ならば「国からお金をいただきましょう」。爆弾を脅しとして一億円を奪取、その金を労働者たちに、故郷に還元するのだ。国男は、スリで生計を立てる男性や学生運動家、在日朝鮮人らと連携しながら、この計画を着々とすすめていく。

「東京は、祝福を独り占めしているようなところがありますねえ」「東京オリンピックはもう理屈を超えてしまっている」「東京オリンピックの祝賀ムードと愛国心から、国中が浮かれちゃってるの。……ほんと、オリンピックは無敵だよね」「おめは東大いくぐらい頭さいいんだがら、世の中を変えてけれ。おらたち日雇い人夫が人柱にされない社会にしてけれ」。作中で放たれるこれらの言葉は、ひとびとの心の底から発された、切実で真正《リアル》なものである。

他方で同書に登場するのは、まるでそれが自分の人生を変えてくれるとでもいうかのように、オリンピックを歓迎するひとびとである。国男の同級生で警察官僚の息子・須賀忠は、自身の階層の高さをかさに着て、高度経済成長の恩恵に浴している。国男の爆弾事件の捜査に加わる捜査一課の落合昌夫は、妻の出産にオリンピックの開催を重ね見て、犯人への怒りをたぎらせる。工場で事務員として働く戦後生まれの小林良子は、輸入文化の華やかさや「しあわせな結婚」の夢に心奪われてしまっている。すべてが「祝賀ムードと愛国心」で染まり、だれもなにも疑問をもたない現実《リアル》が、不気味に明るく描かれる。

ギー・ドゥボールならば、これはスペクタクルだと喝破するはずだ。高度化した資本主義社会で生産される膨大な情報・イメージによってなるスペクタクルはしかし、ひとびとがじっさいにいとなむ社会関係と対立する、たんなる虚構の域にはおさまらない。スペクタクルは現実から対象を汲みだして表象し、現実はそれを受け容れ自らをスペクタクルのなかへと溶解させていく。いわばスペクタクルそのものが現実となるのであり、「現実に逆転された世界では、真は偽の契機である」（『スペクタクルの社会』、木下誠訳、筑摩書房、二〇〇三年、一七頁）。スペクタクルの現実《リアル》のなかに、真正《リアル》なものの居場所はない。

二〇二〇年にいたるまでわたしたちが眼前にしてきたのもまた、スペクタクルの現実《リアル》である。「復興五輪」なる旗印のもと、採算がとれるあてもない莫大な資本を注入して東京オリンピック・パラリンピックが準備されるかたわら、会場となる新国立競技場の建設現場では（報道されているだけでも）たびたび死傷者がでてきた。この過程にはむろん、経済的な力をもたないひとびとを排除する再開発、ジェントリフィケーションが伴っている。にもかかわらず、そうした被害や不祥事の報道は申し訳程度のものばかりでオリンピックを根本的に退けようとする姿勢が見られず、けっきょくは祝賀に終わる。万博も同様である。問題を発見し、コストを支払ってそれに対処するという一連の過程が、開催をさらに不可逆にしていく。その日を迎えさえすれば、それまでに流された血がすべて贖われるかのように。

二〇一九年にはじまった新型コロナウイルスのパンデミックは、こうした流れに終止符を打つかのように思えた。だが、こともあろうに東京オリンピックの開催は中止とならず、二〇二一年へと延期されるという。数多の人死にを出しておきながら、これまで開催の可否を真剣に検討してこなかったことじたい度しがたいのだが、そのうえ延期とはどういうことか。莫大な予算額を投入しての延期は、その間にさらにひとが死ぬことなどとるにたらない、どうでもいいという宣言ではないのか。疫病から人命を救うことよりも、オリンピックの開催を優先するという態度表明ではないのか。

あるいはその態度は、オリンピックのようなメガイベントが、そもそも脆弱な、不可能なプロジェクトであることを取り繕っているかのようでもある。匿名集団の不可視委員会もいうように、露呈した不可能性を覆い隠し「何事も起きないようにするための圧力」(『来たるべき蜂起』、同書翻訳委員会訳、彩流社、二〇一〇年、一二頁)をふるう統治が、そこには見てとられるべきだろう。怒れる国男が現代に不在だというわけではあるまい。まして疫病の脅威にさらされている現在、どれだけ多くのひとが怒りや不安を抱えていることか。にもかかわらず、かつて国男やかれの出会ったひとびとが訴えた真正《リアル》なものが、ふたたび圧殺されようとしているのだ。不可視委員会は「われわれの友」にたいしてつぎのように呼びかける。

統治とは、権力行使のきわめて特殊な一形態である。……情動や政治の情勢にたいしてつねに機敏に対応し、暴動や扇動を未然にふせぐよう行動することである。環境にはたらきかけ、その変数を間断なく修正し、一方の人々にはたらきかけて他方の人々のふるまいに影響をおよぼし、羊の群れをいつも管理下においておくことである。要するに、戦争の名ではけっして呼ばれない戦争を、まるで戦争にみえない戦争を、人間が生をいとなむほぼすべての平面で仕掛けることである。巧妙で、心理的かつ間接的な、影響の戦争を。

（『われわれの友へ』、HAPAX訳、夜光社、二〇一六年、六七頁）

オリンピック・パラリンピック、そして万博は、この「影響の戦争」のための装置にほかならない。統治はその戦争において「構成的行為」（前掲、七〇頁）による攻撃をしかける。この行為遂行において「情動」「政治」「環境」のいっさいは軍事化・警察化され、市民は兵士と、政治は内戦と、環境は戦場と見分けがつかなくなる。そして、装置に抵抗し、自らの生をそれとして守ろうとする者の存在――げんに存在しているかではなく、そうした者があらわれうるという可能性にたいし――は、いまや聞き慣れた「反テロリズム」という標語のもと「テロリスト」として構成され、その殲滅が正当化される。これは街のポスターの標語にとどまる話ではない。たとえば、二〇二〇年二月一八日におこなわれた、反オリンピックのアクティビスト宅への不当な家宅捜索と生体情報の採取。生体情報の採取・照合とは、とりもなおさず九・一一以降に主流化したテロ対策技術である。

こうした統治のやりくちは無際限である。「暴動や扇動」、それにつながる「変数」にたいしては、より強力な鎮圧の暴力――それは「治安・安全対策」であり、戦争としては認知されない――がやってくるだろう。「プロレタリアートの　人として、権力者たちに、従順ではない羊もいることを、抵抗という形で示す」という国男の意志はたしかに真正《リアル》だったはずだ。にもかかわらず、国男が求めた身代金は支払われることがなかった。どころか、その闘争は現実《リアル》に公になることすらなく、警察によって秘密裏に始末されて終わる。不可視委員会の前身のティクーンにいわせれば「反撃とは応答することではけしてない」（『反－装置論』、『来たるべき蜂起』翻訳委員会訳、以文社、二〇一二年、一二七頁）のであり、オリンピックを人質に国家を相手どろうという国男のたたかいかたでは、統治から逃れることはできないのだ。

不可視委員会はいう、権力を構成するな、脱構成せよ、と。「権力の脱構成とは、権力からその根拠を剥奪することである。……権力を脱構成するとは、権力を地上に引きずりおろすことである」（『われわれの友へ』七五頁）。現下の構成された権力――オリンピック・パラリンピック、万博、そして国家――にたいして修正や改善や補償を求めるのではなく、スペクタクルの現実《リアル》に与するいっさいを中断し、そこから離脱せねばならないのだ。身代金は要求するにたらない。現実に遂行されているのが、人間の生にたいする統治の戦争でしかないのなら、そこにはそもそもなんの価値も認められないのだから。わたしたちは、「ほんとうのこと《リアル》」にしか興味がない。それは、統治に管理された環境はむろんのこと、どこか遠くの変革された社会にではなく、げんに生きられ、共《コミューン》に紡がれる生活のなかにこそ見出されるだろう。「存在し、語り、生産し、愛し合い、戦う」こと、「自ら動き、食べ、踊り、歌い、そして叛乱する」（前掲、二三九頁）ことのなかに。

*

本書は、月刊誌『福音と世界』（新教出版社）の二〇一九年八月号特集「現代のバベルの塔――反オリンピック・反万博」の掲載記事六本を加筆修正、新規論考三本と同年八月に開催されたトークイベントの内容を収録したものである。すべてにつうじるのは統治の装置にたいするはっきりとした「否」の声であり、その意味でこれは全面的な闘争の書であるが、そのさい本書は、いわゆる旧約聖書に記された「バベルの塔」の物語へと依拠する。かつてポール・ヴィリリオは次のように述べた。「なぜなら問題は、現実の鏡を割ることによって真と偽の、正義と不正の、リアルとヴァーチャルの知覚をだれもが（同盟者であれ敵であれ）喪失するように仕組むことだからである。この、イメージと言語の致命的な混乱は、最新のバベルの塔を建設するまでにいたる」（『パニック都市』、竹内孝宏訳、平凡社、二〇〇七年、五六頁）。篤いカトリック信仰に根ざしたヴィリリオのこのことばは、スペクタクル的統治のありようを敷衍するにとどまらない、預言的な響きをもっている。これから本書で詳しく論じられるように、オリンピック・パラリンピックや万博はまさしく「現代のバベルの塔」なのだ。その統治から離脱し、「ほんとうのこと《リアル》」のほうへ。わたしたちにはそれさえあればじゅうぶんなのだから。本書が、そのことを証しする新たな預言となりえていることを切に願っている。

最後に、ご寄稿・ご協力してくださった九名の方々、トークを共催してくださった書店・模索舎、会場を提供してくださったカフェ・ラバンデリア、そして本書を手にとってくださったみなさんに感謝します。

二〇二〇年六月　新教出版社編集部

目次

混乱《パラル》の民として生きる

オリンピック・万博に反対する〈解放の神学〉

ARIZUMI Wataru

有住航

世界中は同じ言葉を使って、同じように話していた。東の方から移動してきた人々は、シンアルの地に平野を見つけ、そこに住み着いた。彼らは、「れんがを作り、それをよく焼こう」と話し合った。石の代わりにれんがを、しっくいの代わりにアスファルトを用いた。彼らは、「さあ、天まで届く塔のある町を建て、有名になろう。そして、全地に散らされることのないようにしよう」と言った。主は降って来て、人の子らが建てた、塔のあるこの町を見て、言われた。「彼らは一つの民で、皆一つの言葉を話しているから、このようなことをし始めたのだ。これでは、彼らが何を企てても、妨げることはできない。我々は降って行って、直ちに彼らの言葉を混乱させ、互いの言葉が聞き分けられぬようにしてしまおう。」主は彼らをそこから全地に散らされたので、彼らはこの町の建設をやめた。こういうわけで、この町の名はバベルと呼ばれた。主がそこで全地の言葉を混乱させ、また、主がそこから彼らを全地に散らされたからである。

（創世記11・1―9、新共同訳）

「バベルの塔」物語を再読する

「バベルの塔」として知られるこの不穏な物語は、「天まで届く塔のある町」を建設し、神が住まう天への領域侵犯を企てる人間の傲慢さと、神による人間への戒めを描いた訓話としてひろく読まれてきた。良心的な読者は自分の心のうちにもバベルの塔をひそかに建設しているのではないかと自省し、人間が「いと高き神」に追い迫ろうとする行為を神への冒瀆であると考える。また、神が言葉を乱し、人びとを散らしたことは、傲慢な人間に対する戒めであり、神の罰であると理解されてきた。

たしかに、バベルの塔に象徴される巨大な建造物というモチーフは、人間が生み出してきたさまざまなテクノロジーとそれがもたらす危険性の暗喩として解釈できよう。日本における解放の神学者・栗林輝夫は、二〇一一年三月一一日以降、原発を「現代のバベルの塔」になぞらえて批判する人びとが少なくなかったと言う。原発事故は「人間の技術過信の産物」であり、原発それじたいも「人間の力を過信」し「神の主権を侵害した現代のバベルの塔」であるという批判が相次いだと栗林は指摘する（栗林輝夫「キリスト教は原発をどう考えるか」『栗林輝夫セレクション1　日本で神学する』新教出版社、二〇一七年、二〇五―二四九頁）。原子力という人間には扱いきれない未知のテクノロジーを操り、「安全神話」という「一つの言葉」の下に人びとを原子力に依存させ「一つの民」へと統合しようとする原発体制のあり方は、それが爆発・崩壊した姿も含めて、「現代のバベルの塔」と呼ぶにふさわしいかもしれない。

人間を「一つの民」と「一つの言葉」に収斂させ、一元的に管理しようとするバベルの塔のありようは、世界のいたるところで見いだすことができる。福島原発事故以後を生きるわたしたちは、いまオリンピックと万博という「国家がその威信をかけて創出したスペクタクル空間」（原口剛『叫びの都市──寄せ場、釜ヶ崎、流動的下層労働者』洛北出版、二〇一六年、一五四頁）が再びひらかれようとしている現実を目の当たりにしている。「世界最高水準のテクノロジー」「ボランティアによる最高の『おもてなし』」「共生社会をはぐくむ契機」「成熟国家のレガシーの継承」「働きがいと経済成長」など、タチの悪いジョークのような虚しい言葉が連日飛び交っている。悪い夢を見ているのではないかとも思うが、どうやらみんな本気のようだ。原発をはじめとした深刻な問題が山積する日本社会において、オリンピックと万博は重大な諸課題から人びとの目をそらす「国民の祝祭」の役割を負っている。「おもてなし」や「最先端技術」などの空疎な「一つの言葉」によって人びとを管理統制し、ナショナリズムを煽り経済成長をエサにすることによって人びとを「一つの民」に仕立て上げ、開催に不都合となる人や場所を排除しながら進められるオリンピックと万博は、原発体制と同様、現代日本に打ち立てられようとするバベルの塔に他ならない。

厳しい現実のなかで、それでも反オリンピック・反万博の可能性をあきらめたくはない。オリンピックと万博という「現代のバベルの塔」に対してどのように「否」を突きつけ、そこからの「解放」を企てることができるだろうか。

本稿では、創世記11章における「バベルの塔」物語を「戦争」「労働」「解放」の視点から再読し、伝統的になされてきた「人間の驕りと神の冒瀆に対する神の戒め」としてこの物語を読むことを超えて、別の読みの可能性を考えてみたい。そして、その読みをとおして、「現代のバベルの塔」としてのオリンピックと万博の問題を明らかにしつつ、「反オリンピック・反万博」の声の一つとしたい。

バベルの塔とは何か
――塔と「戦争」

そもそも「天まで届く塔」とはいったい何なのだろうか。物語の舞台である「バベル」という聞きなれない街は、古代西アジアにおいて権勢を誇ったバビロニア帝国の首都「バビロン」を指すと考えられている。バベルが帝国の首都バビロンを指すのであれば、バベルの街はバビロニアの王が君臨する大きな城下町であっただろう。バビロンのような大都市には「ジックラト」と呼ばれる高い塔がそびえたっていたという。ジックラトはバビロンの主神を祀る神殿として建設されたが、じっさいにはそれは王権力を内外に誇示するための顕彰碑として、また隣国との戦争に勝利したことを記念する戦勝記念碑として建てられた。バベルの塔は、戦争による領土と捕虜／奴隷の獲得という血なまぐさい行為を正当化するためのものだった。

巨大なジックラトは、バビロンで生きる人びとに王権力の強大さを十二分に知らしめたことだろう。バベルの塔は、空想上の建造物ではなく、帝国の首都バビロンにそびえたっていたジックラトをモデルとした可能性がある。創世記に描かれる巨大な塔のイメージは、バビロニア帝国から侵略を受けバビロンへ捕虜として連行された古代パレスチナの人びとが、捕囚の地でじっさいに目の当たりにした塔の忌々しい記憶の再現だったかもしれない。バビロンにそびえたつ巨大な塔は、この街で戦争捕虜として生きていた古代パレスチナの人びとにとって、見るたびに自分たちの無力さを痛感させ、絶望させ、屈辱的な思いにさせるものだっただろう。

バベルの塔を建てたのは誰か
――塔と「労働」

わたしが小学生だったころ、こんなクイズが友人たちの間で流行っていた。

「なあなあ、大阪城つくったんて誰かしってる?」

「しってるで、豊臣秀吉やろ。」

「ブー! 正解は大工さん。」

他愛もないイタズラ好きの小学生がよくやるひっかけ問題だが、このクイズは、巨大構造物の建設にかんして、きわめて重要な問いを投げかけている。「誰がそれを(本当に)建てたのか」。

バベルの塔のような巨大構造物の建設は国家規模で行われた一大工事であった。塔の建設事業はバビロン王の号令の下に着手され、莫大な国家予算が建設費用として投入されたことだろう。また、長期間の大規模工事を進めるためには、潤沢な予算とともに大量の労働力が必要であったことは想像に難くない。創世記の記述によれば、バベルの塔の建設には「石の代わりにれんがを、しっくいの代わりにアスファルトを用いる」など、当時の最新テクノロジーが導入されていたことがわかる。それでもじっさいの作業は人力に頼るしかなく、建設現場には毎日おびただしい数の労働者が投入されたことだろう。その中には、古代パレスチナの人びとを含む少なくない数の戦争捕虜たちの姿があったのではないかと想像する。

小学生の頃のように改めて問おう。侵略戦争に勝利し、王の権力を内外に誇示するために建設されるバベルの塔を、じっさいに建てたのは誰だったのか。それはバビロン王でも、建設官僚や政治家たちでもなかっただろう。バベルの塔の建設を最も深いところで担ったのは、強制労働によっていのちを削りながら生きていた戦争捕虜たちだった。

バベルの塔は、その建設のために周辺の植民地から労働力をかき集め、強制労働の現場に叩き込み、生かさず殺さず働かせ続ける管理権力の源として駆動していた。バベルの塔のまわりには、人間を単なる「労働力」とみなし、塔建設のための「道具」として搾り取り酷使する強制力が働いていた。急ピッチで進められる建設のために、戦争捕虜たちの強制労働や搾取は、国家プロジェクトの推進という名目の下に正当化され、隠蔽され、問題を告発する声も労働者の叫びも、もろとも塔の地下に埋められた。このような強制労働の実態がバベルの塔の建設現場にあったのではないかと想像する。バベルの塔は、無数の戦争捕虜たちのいのちの犠牲の上にそびえたっている。その不気味な姿は人間の犠牲を正当化し続けた末に打ち立てられた労働者の墓標のようだ。

「現代のバベルの塔」としてのオリンピック・万博

王権力を誇示するために計画され、無数の労働者をかき集め使い捨てながら建設されたバベルの塔は、おびただしい犠牲の上に平然とそびえたつ国家的巨大建造物であった。このようなバベルの塔のありようは、しかし、なにもバビロンにかぎったことではない。かつてもいまも、わたしたちのすぐ近くに、新たなバベルの塔が建てられ続けている。

二〇一九年以降、大阪では、釜ヶ崎にある「あいりん総合センター」の閉鎖とそれに伴う強制排除に対する抗議が日夜繰り広げられている。センターは、釜ヶ崎で生きてきた人びとにとって就業の場であり、団欒の場であり、休息の場であった。センターは、一九七〇年のいわゆる「大阪万博」を成功させるために必要な労働力をどのように確保するかという議論の末に、これまで路上で行われていた就労斡旋を解消する形で新しく建てられた施設であった。

万博関連の建設ラッシュに沸く大阪に日本中から労働者が集められ、それらの人びとの多くは釜ヶ崎をホームとした。以降、釜ヶ崎は「労働者の街」としてセンターを中心に日雇い労働者の受け皿として機能していった。「一九七〇年の万博をつくったのは誰か」と問われれば、それは日本中からやってきて釜ヶ崎に住み、大阪中の建設現場で働いた日雇い労働者たち、と答えるべきだろう。釜ヶ崎の日雇い労働者が万博開催に果たした役割は大きい。釜ヶ崎で夜ごと語られる「大阪中のビルはワシらが建てたんや」という言葉は、一九七〇年万博前後の大阪の都市建設を根底から支え続けたかれらの実体験から出たものだ。

釜ヶ崎で起きているセンターの閉鎖と、そのことに反対しセンターに留まろうとする人びとに対する排除は、すでに何年にもわたって行われてきた大阪の徹底的なジェントリフィケーションの一環として執行されている。「大阪の成長」というスローガンの下、観光客の呼び込みによる経済戦略や特区構想、また「トコーソー」なるもののために、大阪の街は改造され、地殻変動とも言うべき(再?)開発がいたるところで起きている。二〇二五年の大阪万博は、そんなジェントリフィケーションの最後の一押しのようだ。一九七〇年万博を成功させるための労働力として期待され、日本中からかき集められた労働者たちは、釜ヶ崎に身を寄せ必死に働き、大阪の都市開発の最深部を担った。景気が悪くなると日雇い労働者は「景気の調整弁」のように扱われ、不安定な就労を余儀なくされた。いよいよ仕事がなくなったあとは、容赦なく路上のアスファルトに叩きつけられた。それでもかれらの多くは釜ヶ崎にとどまり、そこで暮らし生きてきた。一九七〇年前後に釜ヶ崎にやってきたかれらにとって、いまや釜ヶ崎は「故郷」であり、センターはかれらの拠り所である。かつて万博のために釜ヶ崎のセンターに集められた労働者たちは、来たる二〇二五年万博のためにその場所から追い出されようとしている。

万博開催に狂騒する大阪と同様のことは何年も前から東京ではじまっている。二〇二〇年の開催に間に合わせようと東京オリンピックの「邪魔」になる可能性のあるすべてのものが街から排除されている。二〇二一年に延期されようが関係ない。オリンピック開催のための大規模かつ暴力的なジェントリフィケーションはとどまるどころか、「安心安全のまちづくり」「暴排条例」「アート」「ダイバーシティ」などのキーワードを隠れ蓑《みの》に、今日も粛々と進められている。公園が公園でなくなり、路上が路上でなくなり、人間が人間でなくなっていく、そんな排除と囲い込みが東京のいたるところで起きている。こんどの東京オリンピックは「おもてなし」をテーマの一つに掲げているらしいが、わたしたちがいま目の当たりにしているのは「おもてなしのための排除」の現実である。

オリンピック開催に向けて、さまざまな虚しい言葉が飛び交っている。二〇一三年九月七日ブエノスアイレスでひらかれたIOC総会で、東京へのオリンピック誘致のために演説をした安倍晋三は原発問題を「アンダーコントロール」と語っている。オリンピックが原発問題から人びとの目を逸らすために開催され、日本はいまだ「安全である」ということをひろくアピールしたいという悪質な意図をもっていることは明らかだ。「アンダーコントロール」という虚しい言葉は、かつて散々語られ、すでに滅びたはずの原発安全神話の再来である。オリンピックのために奉仕する言葉の数々——「おもてなし」「アート」「ダイバーシティ」「ボランティア」「原発は統御《アンダー・コントロール》されている」——は、まるで人びとを「国民的プロジェクト」の下にまとめあげていく「一つの言葉」のようだ。オリンピックと万博は、バベルの塔と同様、徴用・強制労働・排除・隠蔽の上に成り立つ「犠牲の祭典」にすぎない。

バベルの塔からの「解放」

収奪と強制労働という犠牲の上に建設されていたバベルの塔に対して、神は「一つの言葉」を混乱《バラル》させることによって、その建設じたいを頓挫させる。「一つの言葉」は、塔の建設に動員された外国出身の戦争捕虜たちを従わせ、作業効率を上げるための管理と統制の道具として利用されていたのだろう。しかし、神がその言葉を乱したことにより、建設現場に鳴り響いていた「一つの言葉」に従う者はだれもいなくなった。そして、言葉による統制の軛《くびき》から解放された人びとは「全地に散らされ」ていく。

「散らされる」という言葉は、神の戒めの結果、あるいは神が人間に与えた罰としてネガティブなイメージで解されることがあるが、むしろこれは塔の権力による支配からの解放を告げるものとして理解すべきだろう。ここで「全地に散らされた」のは誰だったのか。自らの権力を誇示するために塔を建てようとしたバビロン王か。それとも強制労働の片棒を担ぎ、捕虜たちを管理監督していた軍属たちか。そうではないだろう。ここで「散らされた」のは、自分たちを侵略した王のために強制労働をさせられていた古代パレスチナの民衆だった。言葉が乱され、王の命令に従わなくなった人びとは、バベルの塔の支配から自由になり解放され、それぞれの生きる場所へと散らされていく。そのことは、バベルの権力者たちが「全地に散らされることのないようにしよう」と語り、人びとをバベルの塔を中心とする「一つの世界」に囲い込もうとしていたことと鋭い対照をなしている。

バベルの塔の建設が中止されることは、王やその仲間にとっては「戒め」や「罰」であっただろうが、古代パレスチナの人びとにとっては「自由」と「解放」に他ならなかった。言葉の「混乱《バラル》」、そして全地への「逃散」をもって締めくくられる「バベルの塔」物語は、すべてを一つにまとめあげ支配しようとする企てを打ち砕く、自由と解放を描いた「もう一つの脱出物語《エクソダス》」であったのだ。

二〇二〇年東京オリンピック、そして大阪万博の開催を口実に、それぞれの街では大規模かつ暴力的な排除と囲い込みが続いている。そして、それらの排除に抵抗し、反オリンピック・反万博の声をからだじゅうで証言する人びとがいる。二〇二一年に「延期」となった東京オリンピックをなんとか実現したい人びとは、これまで以上になりふり構わず排除と管理を強めていくだろう。絶望的に思える状況だが、「現代のバベルの塔」に抗う日々の生活――たたかいを生きよう。排除と犠牲の上に成り立つバベルの住民ではなく、自由と解放をもとめて散らされる混乱《バラル》の民として。

生活 against オリンピック

路上のアーティストの見た景色

ICHIMURA Misako
いちむらみさこ

（二〇一九年四月某日インタビュー、記事構成・執筆＝編集部）

東京都渋谷区。ＪＲ渋谷駅のハチ公口を出ると、ニュースなどでもおなじみのスクランブル交差点が広がる。人波をかきわけ、高架をくぐってスクランブルとは逆方向に行くと宮益坂下。そこを原宿方面にむかって左手が区立・宮下公園だ。フットサルをしているひとがいたり、ベンチで寝ているひとがいたりと、お金がなくてものんびりと過ごせる場所のはずだった。一〇年ほど前までは。

宮下公園の命名権がスポーツブランドのナイキ社に売り渡されたのは二〇〇九年のことである。その後宮下公園はナイキが整備した一部有料の公園へと変貌し、宮下公園を居場所とする多くの野宿生活者が追い出された。

だが、この間に事態はさらに悪化している。宮下公園は、二〇一七年三月末に突如閉鎖・解体されたのだ。現在は三井不動産の計画のもと、屋上に名ばかりの公園を備えたショッピングモールと一八階建てのホテルが建設中である。そして、これを牽引したのはほかでもない、「二〇二〇年東京オリンピック・パラリンピックにふさわしい公園」を、というかけ声だった。

おそろしいことに、それはほんの一例にすぎない。いま各地で、生活の場所が消費と金融のために破壊されている。圧倒的な力と速度で。

しかしそれでも、踏ん張って抵抗をつづけてきたひとたちがいる。いちむらみさこさんはそのひとりだ。都内の公園で野宿生活をするアーティストのいちむらさんは、生活をめぐるたたかいにいつも身を投じてきた。その目に、いまの東京は、そしてこの社会はどう見えるのだろう。いちむらさんに、会いに行こう。

テント村への軟着陸

公園の一角。野宿生活をするひとたちのテント村に、いちむらさんは住んでいる。テントの前のソファに記者が腰かけると、いちむらさんは口を開いた。「わたしがこの公園に暮らしはじめたのは二〇〇三年のことです。それまではアーティストとして評価されることをめざしてがんばっていました。でも、『偉い』ひとたちに評価されてこそホンモノというようなハイアートに、魅力がないなと思って。もっと高みをめざせといわれても、待ち受けているのは友だちとすら競争しなければいけない世界です。かといって、働かなければ家賃だって払えない。悩んでいたときに、この公園に野宿生活をするひとたちのテント村があることを知りました。ここではみんなお金に振り回されることなく、自らの力ですごくクリエイティブに生きています。その姿を見たときに、『ああ、わたしが行きたかったのは上じゃなかったんだ』と気づき、このテント村に軟着陸《ソフト・ランディング》したんです」。

たしかに、木々に囲まれてソファに座っていると、どこか違う世界にいるようで落ち着く。だが、それはあくまで一見の感想だ。テント村の生活には、さまざまな理不尽が襲いかかる。

「わたしはここに来てから『女性のためのティーパーティー』を開いたりして、ひととのつながりをつくろうと心がけてきました。それは、この東京のまんなかに野宿生活者のコミュニティがあることを示し、行政による排除や心ない市民からの暴力にたいする抵抗につながるものだと思います。また、とりわけ女性同士の関係づくりに焦点をあてたことは、どうしても男性が中心になりがちなコミュニティ内での性暴力を抑止する力にもつながったはずです。

もっとも、コミュニティを切り崩そうとする行政の圧力は、都市再開発の流れに乗じて徐々に強まってきています。二〇〇四年には当時の石原慎太郎都政のもと、アパート移行事業が実施されました。『テントとカラスを街から一掃する』と称し、NPOを介して野宿生活者をアパートに入居させようとしたんです。都が借り上げた部屋に月三〇〇〇円で二年間住める、仕事も斡旋するということだったんですが、誰もがそれを望むわけじゃありません。入居したひとにしても、けっきょく月に数回の仕事を紹介されただけで家賃すら払えないというありさまでした。そのうえ、二年間の契約が終わったら家賃はいきなり六〜七万に跳ね上がるから、最終的には出ていかざるをえない。アパート入居時に『テント村には戻らない』

と念書を書かされているから、その選択肢もない。ついには駅の周辺などを転々とするしかない暮らしに追いやられたひとが、少なからずいます。その結果がテント村の人数減で、かつては四〇〇人近くいたのがいまでは二〇人ほどになってしまいました。いまは公園内にテントを新規で立てることも禁じられ、あたらしくひとが住みこむことができない状態です」

わたしの恐怖はわたしのもの

社会は、「ふつう」から離れた生きかたには容赦なく制裁を加える。逆にいえば、テント村で生活することは、それじたいが社会へのひとつの抵抗なのだ。そしていちむらさんは、自らの住む公園にとどまらずさまざまな排除の現場で、抵抗の輪をつくりだしてきた。

「コミュニティが小さくなればなるほど、行政からの追い出しの圧力は強まるんです。そのあおりをうけてか、市民から野宿生活者への暴力も増える。そうなるとわたしたちも、自らの居場所をこえてひととつながる必要がでてきます。

それにたいして、排除する側は『野宿生活者は危険だ』というネガティヴキャンペーンを張ってくるんです。たとえば宮下公園のナイキへの委託を主導した長谷部健・渋谷区区議会議員（現区長）との協議では、『野宿生活者が寝ていたら、女性や子どもが怖がる』と平然とした顔で言い放たれました。たしかに、女性や子どもが公共空間でなんとなく体が縮こまるような思いをするということは否定できません。野宿生活者がみんな善人だというつもりもありませんし。でも、女性や子どもが感じる恐怖が開発の口実として利用されるのだとしたら、それこそがほんとうに怖いことなんじゃないでしょうか。『夜の公園って怖いね』という気持ちはあくまで自分自身のもので、誰にもつかわれたくないと思います。

宮下公園はナイキがデザインした公園になって以降、夜一〇時半に閉鎖されるようになっていました。この公園で休みたいひとがいるから開けてくれ、そもそも公園は誰もに開かれた公共空間のはずだと渋谷区にいっても、『危ない』とか『あなたたち、なかで寝ちゃうでしょう』の一点張りでした。寝てるだけで、いったいなにが危ないんでしょうね（笑）。そこで野宿者や支援者たちは、夜一〇時半に公園のゲート前に集まり、園内での野宿を望むひとを中心になかに押し入っていく『ねる会』という活動をおこないました。わたしたちは、寝る場所すら『占拠している』と問いただされます。それに取り組まなければならないんです。

行政はこれに対抗して、年末年始に公園をいきなり全面封鎖してきました。宮下公園では、日雇いの仕事が休みに入り行政の生活福祉課窓口も閉まる年末年始に毎年、〈越冬闘争〉の野営や炊き出しがおこなわれていたのですが、その場所すら奪おうとしてきたんです。生きるための工夫をとにかく禁止して、ひとつの生きかただけを強いようとする。しかたないので、そのときは公園の門の前で炊き出しがおこなわれ、テントも張られましたね」

「日本は民主主義じゃない」

加速する都市の再開発や野宿者の排除。それらは当然ながら、オリンピックと連動している。いちむらさんはそのことを、身をもって味わってきた。

「二〇一三年の九月に、東京オリンピックの開催が決定したじゃないですか。そのニュースが流れた翌日に、都の職員がテント村にやってくるなり『オリンピックをやるから、もうここにはいられないよ』といわれたんです。びっくりして、こちらから行政に聞きに行きました。『いつそんなことが決まったんですか?』って。そうしたら、『決まっていない。そんな会議も開いていない』というんです(笑)。巡回の一職員の独断にすぎなかったと。

でも、それこそがオリンピックの力だと思うんです。印籠のように持ち出せば、さまざまな排除や強権がまかり通ってしまう。現在建設中の新国立競技場そばにあった明治公園でも、日本スポーツ振興センターという文科省の外郭団体の職員が、『オリンピックにむけて国立競技場を拡張するので出ていってください』と野宿しているひとのところに宣告しにきて、やはり排除がおこなわれました。

これは日本だけではなく世界中のオリンピック開催地で起こっている現象です。そして、それらの都市では必ず、オリンピックへの抵抗があります。たとえば二〇一〇年冬のバンクーバーオリンピックでは、先住民と野宿生活者による大きな反対運動が起こりました。ロンドンも、ソチも、リオも、平昌《ピョンチャン》も同様です。これらの運動のなかでは、オリンピックに反対する者の聖火がずっと受け継がれていて、昨二〇一八年にはそれがいよいよ日本に届きました。

その引き継ぎのために、平昌やパリの活動家たちが東京に集ったのですが、東京の状況を見てもらったり話したりして伝えると驚かれました。なにせ日本では、原発事故で放射能が飛散したのをもみ消すかのように『復興五輪』などと銘打って計画を進めている。そのうえ、東北や北海道まで開催地に含め、国ぐるみで応援ムードをつくっている。そして今年は天皇の代替わりです。オリンピックの開会宣言も、おそらくは新天皇によっておこなわれるでしょう。すべてが連動しているわけです。

渋谷区千駄ヶ谷に建設中の新国立競技場

平昌の活動家からは、『日本はまったく民主主義の国ではないとはっきりわかった』といわれましたね」

オリンピック・愛国心・多様性

有無をいわせず、すべてをひとつの世界観に従わせるための最強の切り札。それがオリンピックなのだ。それは、わたしたちの日常の思考にまで触手を伸ばしてきている。

「わたしはオリンピックに反対する『反五輪の会』の活動に関わっているんですが、その活動の一環として、東京オリンピック開催決定を記念するイベント会場の前でチラシをまいたことがあって。そのときに、いきなり駆け寄ってきたひとから、『非国民』といわれたんです。すごくびっくりしましたね。そんな言葉がつかわれるのか、と。

いま都内の公立学校では、年三五時間のオリンピック教育が義務化されているんですよ。オリンピックは国際社会に日本のすばらしさをアピールする機会だといって、ナショナリズムを醸成しようとする。植民地支配など加害の歴史にはいっさい触れず、日本がいかに優れているのかだけを教えて愛国心を植えつけるんです。

パラリンピックも問題です。あれは、『こんなにがんばっている障害者がいます』とアス

建設中の新・宮下公園（上）と、それを覆うフェンスに描かれた「アート」（下）

リートたちを持ち上げるキャンペーンの一環になっています。障害を克服すべきものとみなす優生思想が際立ってますよね。それを糊塗するために多様性《ダイバーシティ》やマイノリティの人権といった言葉が利用されているように、いまの状況からは感じます。げんに、野宿生活者の人権はどんどん奪われつつあるわけですから。

それを象徴するのが、工事中の宮下公園を囲うフェンスです。そのフェンスには、障害者スポーツやゲイカップルなど多様性を示すかわいいイラストが描かれていて、SNSでは『感動した』という声が多く見られます。でも、じっさいには公園の工事は民主的な手続きをすっ飛ばしてはじまり、多くのひとの寝床を奪いました。今年の三月二七日はそれからちょうど二年ということで、わたしたちは段ボールで自分と等身大の人形《ひとがた》をつくってフェンスに吊るし、人形が壁を乗りこえていくかのように見せるアクションをおこなったんです。そこでは、抗議とパフォーマンスがひとつとなっています。やりきれない思いをそのまま形にしたらそうなったんです。あんなイラストをつかって排除の記憶を塗り変えられてしまっては困ります。だからわたしたちは、あえてあのイラストの上に人形をかぶせました。生活の場所を奪還するぞ、という気持ちで。

一方で、通行人にむけたアピールも意識しています。配布したチラシを受け取って、関心をもってくれたひともいました。どこにでもあるような店ばかりが増え、街がどんどんつまらないものになるなかで、違和感を感じているひとがたしかにいるのだと思いますし、そういうひとたちと響き合っていきたいですね」

生活のために

とはいえ、だ。工事中の新国立競技場の周囲をじっさいに歩くと、そのあまりの巨大さに圧倒される。こんなにも強大なものがわたしたちを蹂躙しようとしているのか、と心が折れてしまいそうになるのだ。だがいちむらさんは、諦念を抱えつつもたたかいを、つまりは生活をつづける。

「なにか特別な抵抗手段があるとは思わないんです。わたしが生活のなかでやってきたように、同じ状況に置かれた仲間とつながるということに尽きるでしょう。それは、喪失感を抱えた、ほんとうに弱い者同士の集まりなのかもしれません。でも、そこで強さを志向すると、自分も排除の構造に加担してしまう。オリンピックを利用して多様性や人権の啓発をしようとしても、それはけっきょくビジネスチャンスをいかに活かすかという企業的な発想になっちゃうんじゃないでしょうか。弱いままで、その強弱のランク付けを無化するためにたたかわないといけないと思います。

短命で亡くなるひとも多い野宿生活者の生きかたは、オリンピックが志向する健全さや強さとは真逆です。わたしたちだって、いやな死にかたをしたいわけじゃありません。ただ、『正しい生きかた』『正しい命のありかた』を押しつけられたくはない。オリンピックや再開発は、そうした押しつけにつながるものだと思います。チャンピオン、大成功、勝利といった言葉で序列をつくりつつ、『正しくない』ひとの命や生活を奪っていく。わたしたちが生きることを諦めさせる。オリンピックという大きなもののためには多少の犠牲はつきものだ、とでもいうかのように。

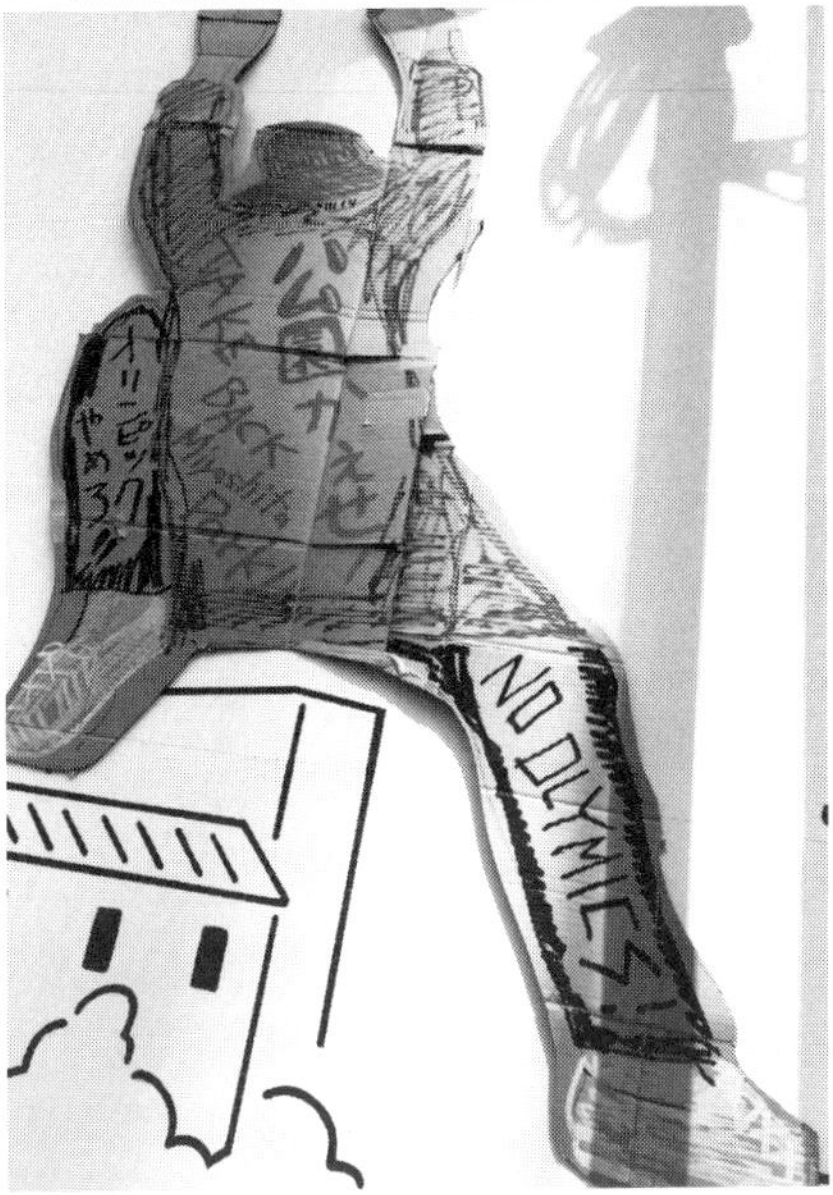

フェンスを乗り越える人形たち（上）、いちむらさんの等身大人形（下）

わたしは、言葉を巧みにつかえるわけではありません。心のなかには、怒りと悔しさと喪失感と諦めと無力感と……いろいろなものが整理されないままに渦巻いています。痛みを感じる毎日ですがそれでも、『ここで休め、ここを行け、ここで生活しろ』などとだれかに決められることなく、どうにか自分で生きていきたいんです」

いちむらさんに会ってから一週間後。宮下公園にふたたび人形を掲げると聞いて、記者も仲間に加えてもらった。段ボールを切り出し、等身大の人形をつくる。そのうえに思いの丈を書いて完成だ。ひとびとが行き交う前でフェンスに人形をかけ、チラシ配りやマイクアピールにのぞむ。それは、建設中の商業施設の圧迫感に比べれば、あまりにも弱い。

だが、だからこそ次の言葉を想起しよう。「わたしの力は弱いところに完全にあらわれる」（二コリント12・9）。ひとのかたちをとった情動は、フェンスを乗り越え、同じ苦境をたたかう仲間のもとへと届くだろう。あなたの生活や人生がどんなものであろうとも、それは絶対にたいせつだ。わたしたちはそれをだれにも奪わせない、という呼びかけとして。

参加しない勇気
大阪万博をめぐる
断片的考察
SAKAI Takashi
酒井隆史

大阪の「売り飛ばし」

意外にみえるかもしれないが、いまでは成功の経験としてのみ語られる一九七〇年の万国博覧会は、大阪「衰退」の一歩であった。あるいは、「衰退」に拍車をかけたといったほうがよいだろうか。東京五輪を機にしての一九六四年、東京大阪間の新幹線の開通が、大阪衰退の決定的要因になったといわれているからだ。が、この実質とはすれ違う「成功経験」が、焦燥感にかられた大阪のポスト工業時代へのヴィジョンのなかにくり込まれ、大阪のネオリベラルな展開に独特の軌道を与えることになる。堺屋太一の提唱した「イベント・オリエンテッド・ポリシー」である。堺屋は、このポリシーを、情報化や国際化といったあらたな情勢に対応する都市戦略として、ニューディールに比肩する「ソフトディール」と位置づけた。このヴィジョンによれば、ニューディールにおける公共事業はイベントに置き換えられ、イベントを触媒に好循環がもたらされる。つまり、人が集まり、街が美化され、投資を呼びこみ、店舗や施設は増大し、その結果、さらに多数のイベントがおこなわれ、さらに人は集まる、そこでつくられる施設は人々のニーズにそったものになり繁盛する、とまるで夢のようなヴィジョンである。

この「イベント・オリエンテッド・ポリシー」の線に沿って、行政や民間資本側による都心のオープンスペースとしての公園の潜在的経済価値への注目がはじまった。つまり、一九八〇年代の博覧会を契機にやがて民間委託され、商業空間と化した天王寺公園に典型的にみられるように、それは公園私有化への道を拓いたのである。公園にイベントという「集客装置」を設置し、それを契機に公園を商業空間に転換し、そこで再確立した管理権をそのまま継承して、より大きな開発へと向かう、という公園を活用したこの「ポリシー」の具体化の方向性は、ここにおいて明確にあらわれる。

この方向性が、やはり堺屋太一の提唱した二〇二五年大阪万博まで延長していることはあきらかである。万博誘致委員会の「オフィシャル・パートナー」に外資系のカジノ企業五社がふくまれていたように、万博前年の二〇二四年に夢洲《ゆめしま》に建設予定のカジノを中心とした、リゾート開発のためのインフラ整備との関連は隠されていない。さらにいえば、この「イベント・オリエンテッド・ポリシー」が、競争原理の導入によって公共物を私有化するというネオリベラルな都市政策であることもあきらかである。大阪都構想とは、この過程の総仕上げであり、この歴史のある都市が長期にわたってその価値を育んできた公共物の壮大な「売り飛ばし(Selling Osaka)」なのである。

ただし、おなじネオリベラルであっても内部には相異もある。大前研一は、このようなイベント依存の体質を批判し、「関西の政財界は世界の中で大阪の競争力をどう高めていくのか、世界中から優秀な人材や企業にどのようにしてきてもらうのか、に関しては興味も関心もない」と万博開催を批判している。大阪維新とそれがつくりあげたメディア、大阪芸能界の連携による「大阪大売り出し」は、このようなお祭り依存のネオリベラル路線にきわめて適合的であって、いまや長期的なヴィジョンも歴史的な触感も喪失しつつある大阪には、次々となにかぶちあげていなければ生きていけないかのような刹那的な空気すら漂っている。

世界的にみれば、現代のバビロンにおけるお祭り依存型のメガイベントは、神ならぬ民衆の怒りに遭遇することが増大している。たとえば、ブラジルW杯のさいの大規模な民衆叛乱は記憶にあたらしいところであるし、そもそも二〇二〇年のオリンピック開催地が東京になったのも、最有力視されていたイスタンブールにおける激しい民衆反乱が一因だった。イスタンブールの民衆反乱の標的は直接にはオリンピックではなかったが、メガイベントにかかわるさまざまな問題もふくめての体制批判であったのはあきらかである。その一方で二〇二四年のパリ五輪が、ネオリベラル体制の限界でうねりをみせている民衆反乱とどのような緊張をみせるのか、累積した矛盾の爆発する機会となるのか、それとも徹底的な鎮圧の機会となるのか、未知である。

この民衆の怒りが、相対的に安心である日本へとメガイベント開催を水路づけているわけだが、グローバル・メガイベントを危うくしている要素には、日本も無関係でないもう一つのものがある。気候変動である。二〇二〇年東京五輪も、それ自体環境破壊的であることにくわえて、この間の急激な気温上昇へ対応できるのか危惧されている。ひるがえって二〇二五年大阪万博の開催地は夢洲である。夢洲は副都心の開発を目的とした一九八八年の「テクノポート計画」の一環とされた人口島の一つであり、大阪市が保有する廃棄物最終処分場である。これまで、廃棄物や港内に堆積した汚泥や公共工事の残土などで埋め立てられてきた。こうした埋立地が、災害に脆弱であることはいうまでもない。その手前の咲洲《さきしま》はすでに、二〇一一年の震災のさい、天井の落下や床の亀裂などおびただしい損傷がみられ、エレベーターも全三二基中二六基が緊急停止、四基に男性五人が五時間近く閉じこめられた。これによって橋下維新のくわだてた府庁全面移転がおじゃんになっているし、二〇一八年の台風二一号では庁舎付近に駐車された乗用車二〇台以上が横転し、さらに五五階建ての庁舎のエレベーターは強風によって全面停止となった。一階部分の窓ガラスは割れ、雨漏りによる浸水もこうむっている。関西国際空港も、大きなダメージを受けた。ちょうど松井府知事はヨーロッパに誘致に出発するところ（台風襲来が九月四日でその五日後）で、いまだ被害からほとんど回復しない関西国際空港からのフライトをあきらめながら、空港のごく一部の復旧をもって「災害に強い大阪」をアピールすると強弁し、失笑を買っていたのは記憶にあたらしい。

二〇一八年の諸災害は、あきらかに気候変動の影響のもとにある。もともと脆弱である

「国土」のうえに、脆弱な埋め立てのベイエリア、それに地震の活発期が折り重なって、メガイベントそれ自体の困難は高まるいっぽうである。

「成長」の期待による動員

ところで巨大プロジェクトの、巷に感じられる熱はそれに見合っているだろうか。むろんメディアの熱狂の演出に投入された物量はおそらく、これまでのオリンピックや万国博覧会以上のものがあるだろう。にもかかわらず、底辺からの熱気なしに空転している感は否めない。だからといって批判が大きいわけではない。たとえば、一九七〇年の万国博覧会が民衆の熱狂をかきたてながら、他方で芸術家たちの強力な反発にあい、太陽の塔が活動家に占拠されたのは、賛成と反対の底にある社会の熱量を示している。ひるがえって二〇二五年万博は、上述のインフラ的要素のみならず、そのソフト的内実もぼろぼろといってもよいほど脆弱である。そのいわばとってつけたようなテーマ（人類の健康・長寿への挑戦――だれがまじめに考えていると信じるだろうか？）、経産省の報告書案における関西弁によるおふざけ（万博を「人類共通のゴチャゴチャを解決する方法を提言する場」と位置づけ、その「ゴチャゴチャ」を「例えばやな、精神疾患」とするのにはじまって悪夢のような代物である）、差別や管理監視へのあまりの無防備ぶりに物議をかもした医学生による「100

の提言」などなど。あるいは東京五輪でもそうなのだが、すでに虚偽と不正とスキャンダルの祭典でもある。にもかかわらず、反対や批判の声が、その失錯に見合ったものとなっているようにはおもえない。こうした巨大プロジェクトの脆弱さにもかかわらずそれに見合った対抗力がないことが、他の諸国と比較して相対的に日本の特徴であるようにおもわれる。

とすると、近年のタワーやビルの高度やスタジアムの規模も、それを地上にひきずりおろすもの、「民衆」の力の微弱さの表現であるともいえよう。二代目通天閣が市民の手によって再建されたのとは異なり、いわば民衆の敗北のあとにあらわれたピラミッドであり古墳のようなものである。そしてそれは、たとえどれほど正当性も熱狂も欠いていても、既定のものが絶対化するという傾向に拍車をかけている。脆い完全体、あるいは脆い絶対、これはギー・ドゥボールの表現であるが、かれは、それを現代世界にみられる性格とみなしていた。つまり、現代社会は本質的に脆いのだが、それを否定する底力をもたないがゆえに完璧となる、と。いまの安倍政権をみればその意味も実感できる。田中角栄や小泉純一郎のようなカリスマ的力強さも欠き、政権の内実もぼろぼろであるが、安倍晋三は歴代総理大臣の任期のほとんどを大幅に超え、どのようなスキャンダルにも揺るがないという絶対的強さをみせている。地震に見舞われる「国土」に建つスカイツリーやあべのハルカス、WTCビルの巨大さは、こうした「脆い完全体」の表現でもある。

これと関連しているようにみえるのは、近年の日本のメガイベントが、ますますイベントの本来の趣旨、目的、理念そっちのけで、「本音」を隠さなくなっていることである。ついでのふりをしていないと語れなかった要素が、いまでは、はなっから語られる。「経済効果」である。だから万博がカジノリゾート開発とからんでいることが堂々と語られるのである。もし熱の低さにもかかわらず万博誘致に効果があるしすれば、この「経済効果」と「成長」への漠然とした期待であろう。

キーワードは「成長」である。二〇一九年四月の地方選における大阪維新の想像を超えた圧勝も、選挙期間中、街中に貼りだされた「成長を止めるな」というポスターの文言と無縁ではあるまい。とにかく「成長」すればすべてついてくるといった漠然とした期待である。

したがって、現代の動員は「成長」の期待による動員なのである。東京五輪ではボランティアの動員がしばしば問題になり、ファシズムとの関連が指摘されている。だが、それはより広範な動員の一部の現象にすぎない。マジックワードがこの「成長」であって、その手段は「大阪大売り出し」である。この過程で、釜ヶ崎のジェントリフィケーションが加速しているのも無関係ではない。たとえば、二〇一三年に松川大阪府知事（当時）は、「大阪のど真中にあるあいりん地域がニューヨークのハーレムのように変われば、この地域の可能性、ポテンシャルが大阪の成長に好影響を与える」（強調引用者）と語っている。「成長」を問題ではなく解決策《ソリューション》とするのは、現代の日本においては政治的立場あるいはネオリベラルか否かを問わずコンセンサスなのであって、一例をあげれば、近年、大阪から声を発している比較的若い世代の社会学者たちは、はっきりとこの過程への参加を表明している（岸政彦、白波瀬達也「大阪・釜ヶ崎・沖縄――政治に揺れる街の声」『中央公論』二〇一七年七月号）。

かれらは、戦後の釜ヶ崎を暴動という視点からみることをしりぞけてみせながら、西成特区構想や橋下維新、そしてジェントリフィケーションに好意と理解を示す。そのような態度こそ、「中立的で抑制的」であるというのだ。ここでは暴動のような抗議形態が「感情」に配分され、「経済政策」のようなテクノクラート的手段でもって解決策を提案するのが「冷静」に配分される現代的な図式があるのだが、そこから派生するのが「開発か貧困か」という二項対立である。つまり、成長を否定し開発を批判するのなら貧困に沈めというのか、というのである。

おそらく、少し前までの釜ヶ崎について発言する研究者ならば、このような二者択一のゲームそれ自体をしりぞけただろうし、そうでなくとも少なくともそこでいわれる「開発」や「成長」、「貧困」に留保してみせるぐらいの距離をとっただろう。なにが開発か、なにが成長か、なにが貧困か、という根源的問いを、浮かれた高度成長の日本に突きつけ続けてきたのが釜ヶ崎でもあるからだ。したがって、釜ヶ崎に言及する研究者や知識人は、この問いになんらかの誠実な応答をするかまえをもっていた。

しかし、先ほどあげた近年の社会学者たちの発言にみてとれるのは、こうした問いの忌避である。そこには大阪で起きている事態の大きな文脈、つまりネオリベラリズムと気候変動の重層する世界的趨勢のなかで「成長」や「開発」のもつ意味、こうした都市政策がどのような経緯をもっているのかの歴史的位置づけ、どのような政治経済的力関係に由来しているのかといったリアルな支配関係、こうした問題に介入するさいに必要におもわれる諸要素の考察が不在である。それに、このような政策でたとえ「利得」があるにしても、そこではなにが犠牲になるのかを考察し、たとえ小さな声でもそれを救うのが、釜ヶ崎のような地域を対象とする研究者ならば負うべき義務であるようにわたしにはおもえる（犠牲より「利得」の方が大きいということや地域住民の「マジョリティ」の意見などで政策を正当化する態度は、政治家のものであるにしても研究者のものではない）。

ただし、ここで問題にしたいのは、研究者のあり方のような話ではない。むしろこのように文脈が消える背景、あるいは消すことが正当化される文脈である。それが「成長」なのである。たとえば、対談のなかで気づかれるのは、具体的政策や橋下徹のような具体的政治家の名が、感情的親密性を強調しながら出てくることである。そこにみてとれるのは「政治」との距離の欠如である。なぜそれが欠如するのか。このような態度の淵源にあるのが、おそらく「参加」意識であるようにおもわれるのだ。

「よくしたくない」権利

この「参加」意識の高まりは、日本全体の動向ともパラレルである。すでに二〇一一年あたりから総務省主導で「主権者教育」が謳われ、「社会的知識の欠如」や「政治的無関心」が問題視され、「参加と行動」のアクティヴな市民づくりが提起されている。こうした文脈にはなにがあるのか、ここではつきつめた考察はできないが、「社会貢献」が大学の目標として押しつけられそれが個別の教員評価としてカウントされる、大学の構造の変化ともパラレルであるとはいえよう。

しかし、かつての参加と行動が含意したニュアンスと近年のこの動向はほとんど反転している。つまり、かつて参加と行動は、いまある支配的ゲームを括弧にくくるものだった。どのような否定のかたちをとるか、べつのゲームをどう考えるかはさまざまであるにしても。ところが、いま、参加と行動の意味とは、いまある支配的ゲームへの参入である。参入して、そのゲームを円滑にしたり向上させたりすることが求められるのである。だから、ゲームとしての「社会」を構成する要素には、まちがっても少数派の急進的運動体などはなく、そこで想定されているのは主要には行政そして企業である。あるいは行政と連携した「まちづくり」のようなものである。これへの参加それ自体が問題であるとまではいわない。これにかんしては、わたし自身、まったく無縁とはいえないのであるし。重要なのは、「成長」と参加がむすびつくのが、この地点においてだということである。そこでは「成長」は、支配的ゲームの論理であり、かつ、社会総体に寄与するものであるからだ。

東京五輪の即時中止を唱えて奮闘している小笠原博毅たちの指摘でとりわけ重要なのは、東京五輪には推進側の「政治利用」派と、それに一定程度は批判的であるがはじまったらよくしようというかまえの「どうせやるなら」派があって、その共謀関係でより活性化するという批判である（小笠原博毅、山本敦久『やっぱりいらない東京オリンピック』岩波書店、二〇一九年）。このような「どうせやるなら」派の態度は、「脆い完全体」を構成する「参加と行動」のあり方を非常によく示唆している。少し前まで「参加と行動」の否定とシニカルな態度とは重なっていた。ところがいまでは、「成長」という「町で唯一の」ゲームを肯定しそれにぶつかるものには冷ややかな眼をむけるシニカルな態度と「参加と行動」とかむすびついている。このシニシズムは、「動かない」ことではなく「動くこと」を根拠に、「無力」にみえる態度を嗤うのである（みずからの効力が社会をいくぶんか動かしていることを確認するのは、実はかんたんである。いま動いているものを受け入れ、最低限の意思表明であってもそこに「関与」すればよい。即、「動く」のだから。それもまた、安倍政権を支える心性である）。

そんな、だれもが「アクティヴ」ぶりを誇示したいのがいまであるのなら、こういってもよいだろう。参加しない勇気をもとう。「よくしたくない」権利を主張しよう。ゲームからおりる権利を留保しよう、たとえば「選挙に行こうよ」というかけ声に対して、「このような選択肢のゲームに関与するいわれはない」という権利を留保しよう。生産的でない批判はやめろとのかけ声に負けないようにしよう。なにも「生産」しないが自然も傷つけないサーファーのように、「なにもしない」ことが長い目でみれば「貢献」でありうると信じよう。

トークセッション

「バベルの塔」なき世界へ

有住 航×いちむらみさこ×酒井隆史

ARIZUMI Wataru × ICHIMURA Misako × SAKAI Takashi

二〇一九年八月二日　カフェ・ラバンデリアにて

堀　本日の司会を務めさせていただきます、『福音と世界』編集部の堀真悟と申します。『福音と世界』の二〇一九年八月号では「現代のバベルの塔――反オリンピック・反万博」という特集をおこないました。本日はその特集にご寄稿・ご協力いただいた三名の方にお越しいただいていますが、まずはわたしから、すこし前提をお話ししたいと思います。

二〇一八年八月から九月にかけて『福音と世界』の連続トークイベントを開催したことがあります。タイトルは「統べるもの／叛くもの――統治とキリスト教の異同をめぐって」。わたしたちのみぶりや感性にはたらきかけ、羊の群れのごとく教導していく権力の形態を統治といいますが、そのイベントで念頭にあったのは、キリスト教こそがその統治の原型なのではないか、だとすれば統治に叛くことはキリスト教に内在する責任事のはずだ、という問題意識でした。

同イベントの内容は現在同名の書籍として読むことができますが、その後、この問題意識はけっして解消されたわけではありません。今回の特集はある意味で、その問題意識をより徹底するべく組まれたものだともいえます。つまり、統治とたたかうわれわれにとっては、二〇二〇年東京オリンピックや二〇二五年大阪万博と対決することは避けられないということです。では、それはなぜなのか。なぜそのさいに「バベルの塔」の物語を参照するのか。まずはこれについて、有住航さんからお話をお願いしたいと思います。

「混乱《バラル》」を読みなおす

有住　みなさん、こんばんは。有住航といいます。いろんな仕事をしていますが、いまは日本キリスト教団の下落合教会で牧師として働いています。

今回わたしが寄せたのは「混乱《バラル》の民として生きる——オリンピック・万博に反対する解放の神学」というタイトルの論考なのですが、みなさん、バベルの塔のお話って聞いたことあるでしょうか？　名前は聞いたことある、絵画などでおおよそのイメージはもっているという方も多いかと思います。

バベルの塔が登場するのは、旧約聖書の創世記11章1―9節です。ある町に「皆一つの言葉を話している」「一つの民」がいて、「天まで届く塔」を建てようとしていました。ところが、それを見た神がこれはよくないと、その言葉を混乱《バラル》させ民をあちこちに散らすことで建設計画を頓挫させるという短い物語です。

このバベルの塔の逸話は、教会をはじめさまざまな場所で語られてきました。そこではこの物語が、巨大な塔を建てることによって天の神のところまで到達し、神に追い迫ろうとする人間の傲慢さとそれを砕く神の姿を描いた物語として理解されてきました。神に比肩する偉大な存在になりたいという人間の思いを象徴するバベルの塔がじつはじぶんの心のなかにも建っている、そのことを反省して神に服従して生きようということが、教会で長らく語られてきたわけです。ですがわたしは、大阪で生まれ釜ヶ崎で育ち関わってきた経験や、現在東京で暮らすなかでのさまざまな経験からこの物語を読みなおすと、これはまったく違う話なんじゃないだろうかと感じるようになりました。

バベルの塔の物語には、なにが描かれていたか。その塔は、王が権力を誇るために建てようとしたものだったのでしょう。そしてその建設に関わっていたのは、戦争によって奴隷や捕虜とされ連行されてきた多くの外国人労働者だったと思います。「一つの言葉」という表現はおそらく、外国人労働者を従わせ、作業を効率的に進ませようとふるわれた暴力を反映しているのではないでしょうか。

もっとも、こうした理解はわたしの思いつきではなく、これまでいろんなひとたちによって繰り返し語られてきたことです。バベルの塔の物語の数ページ前、創世記9章にはノアの洪水の物語があります。そこで神は「じぶんのつくった人間たちが悪事ばかり働くから、すべて洪水で押し流してしまおう。でも、ノアの一家と一握りの動物だけ、箱舟に乗せて生かしてやろう」と考えます。その結果、人類はみんな洪水で流されてしまい、災害をのがれることのできたノアたちは子孫をふたたび地上に増やしていくことになるのですが、注意したいのは、ノアの洪水物語に続く10章が「ノアの三人の子どもたちがそれぞれ違う言葉で、違う民族ごとに、違う場所に住んだ」となっていることです。しかし、次の11章、バベルの塔の物語の最初の一文は以下のようにはじまります。「世界中は同じ言葉を使って、同じように話していた」。つまり、10章と11章では書かれていることが真逆になっています。10章と11章の間には、なんらかの侵略戦争がおこなわれ、言葉が強引に統一されるといった事態が起こっていたのではないかと思います。

「バベル」という聞きなれない街の名前の由来について、聖書学者たちはしばしば次のように指摘します。バベルとは、かつて古代メソポタミアにあったバビロニア帝国の首都バビロンのことをさすのではないか、と。バベルの街には大きな塔がそびえ建っていたと聖書には書かれています。この塔は古代人の空想だとされていましたが、現在ではバビロンに数々の塔が建っていたことが明らかにされています。街の中心部にそびえる巨大な塔は「ジックラト」と呼ばれ、もともとはバビロンの神を祀る神殿としての役割もあったそうですが、じっさいには戦争に勝利した王の権力をたたえる記念碑として建てられたものでした。その塔の建設に従事したのはだれでしょうか。わたしは敗戦国から連れてこられた外国人の奴隷労働者たちが、ジックラト、すなわちバベルの塔の建設に直接関わったのではないかと想像します。

わたしたちはいま、大阪のあべのハルカスや東京のスカイツリー、オリンピックや万博という現代のバベルの塔が林立するさまを目の当たりにしています。聖書の物語ではそこに神の介入がありますが、いまわたしたちはただそれを待っているわけにもいきません。バベルの塔の物語に描かれている解放的なメッセージを聞きとり、この状況からの解放をめざしてアクションを起こしていかなければなりません。

バベルの塔の物語では、神が「一つの言葉」を混乱させることによって塔の建設を中止させます。神がその塔を攻撃し破壊するのではなく、言葉を媒介としてその建設計画じたいを潰えさせ、ひとびとを「全地に散らした」ことはとても示唆的です。「全地に散らされる」ことは、しばしば人間にたいする戒めとして理解されてきましたが、それはバベルの塔を建設したい王にとっては戒めであっても、奴隷労働を強いられていたひとびとにとってはある種の解放的な出来事だったのではないでしょうか。出エジプト記をはじめ、聖書には帝国権力の支配から逃れていくひとびとの姿が幾度も描かれますが、バベルの塔もそうした帝国からの脱出物語《エクソダス》として読みなおすことができるはずです。

わたしたちもまた、黙示的な想像力をもって、あるいは預言者的な言葉の力をもって、現代のバベルの塔に対峙せねばなりません。では、具体的にそこからの解放をどのように模索できるのか。今日はぜひ集まったみなさんとそのことを分かち合いたいと思います。

堀　ありがとうございます。つぎに、いちむらみさこさんにお話しいただきたいと思います。いちむらさんには、八月号で「生活 against オリンピック」というタイトルでインタビュー取材をお願いしました。東京都内の公園で生活をされているいちむらさんにとっては、オリンピックとたたかうことと生活をしていくことは、切っても切り離せないものだと思います。逆にいえばわたしたちは、いちむらさんの生活の経験を共有し、そのたたかいにつらなっていくことで、いま有住さんのお話にあった解放のためのヒントを得ることができるのではないでしょうか。では、よろしくお願いします。

恐怖のオリンピック

いちむら　いちむらみさこです。東京の大きな森林公園の一角で、ホームレスのひとたちが暮らすテント村に住んでいます。その生活ももう一六年くらいになるんですが、今回の東京オリンピック招致の影響をうけて、さいきん周囲では大規模な野宿者排除が起こっており、その圧力に抵抗しオリンピックに反対しなければ生きていけないといった状況になっています。
有住さんの言葉と統治についてのお話を伺っていて思い出したのは、インタビュー取材でも話しましたが、東京オリンピック開催が決定した二〇一三年九月の出来事です。テント村には、公園の警備員と東京都の職員が毎日巡回してくるんです。もちろん、そんな監視はやめてほしいのですか、なかば日課みたいになっているところもあって、ふだんは警備員もあいさつ程度で帰っていきます。ところが、オリンピック開催決定の翌日に、「オリンピックが決まったから、もうここいられないぞ」って急にいってきたんです。追い出しの計画がすでにあったのかと思って、びっくりしました。ところが、すぐに東京都に問い合わせてみると、そんな計画はないというんですよね。にもかかわらず、日常的にあいさつを交わしてきたはずの警備員の口から、急に「オリンピックだからもういられないぞ」という言葉がでてきてしまう、それこそがオリンピックの怖さなのだと思いました。

つまり、「オリンピックがくるのならホームレスなんて追い出しだ」という認識がいつのまにかできあがってしまっているんです。「参加することに意義がある」と国家に呼びかけられ、かつオリンピック・パラリンピックの裏で起きていることもひとびとがだいたい知っているという状況。それこそ統治されているということでしょうし、ほんとうに恐ろしいと感じます。

現に、当初はそれなりに民主的な手続きを踏んでいたはずの都市計画も、オリンピックを契機として、ものすごいスピードで、合意を得ないままブルドーザーのごとく進んでいます。たとえば渋谷区の宮下公園は、五階建てのショッピングモールのうえに屋上公園として設置され、その横に一八階建てのホテルが併設されるという工事が進んでいます。この工事は、オリンピック開催前には必ずオープンすべく、地域住民の反対を押し切って公園を突如封鎖するといったかたちでスタートしたものです。そこで毎晩野宿しているひとが九人ほどいたにもかかわらず、前日にさえなんの告知もなしに公園を強制封鎖しました。公共の場所がまったくのビジネス空間に変えられる計画が、オリンピックを名目としてまかりとおってしまっています。

オリンピック関連会場建設についても同様です。二〇二〇年七月二四日の開催を工事のデッドラインとして、労働者が過労自殺しようが事故死しようが、工事内容の十分な見直しもされずひたすらに工事が進んでいます。もっとも、世界的に見れば、そんなことを認めてはまずいのではないかといった声はもちろんあって、オリンピックを招致する都市はどんどん減っています。二〇二〇年のオリンピックの開催費用は約三兆円だと聞けば、みなさんもヤバいと思われるでしょう。みなさんの税金が、野宿者を排除し、団地を取り壊し、デベロッパーや財閥だけがもうかるような計画のために投入されているんですから。

じっさいにオリンピックを迎えるときにはどうなっているでしょうか。おそらくオリンピックは、たいへん華やかな装いのもとで開催されることでしょう。アスリートが活躍するさまはドラマチックに演出され、世界中が注目するなか金メダルでも獲ろうものなら輝かしい栄光があたえられ、それは会場やテレビで眺める観衆にとってはものすごい感動の場面となります。そうして会期が終われば、いろいろ問題もあったけどオリンピック感動したしよかったよね、というように物語化されていく。毎回、どこの開催地でもそうです。オリンピックは、そうした演出によって成り立っているんです。

渋谷区は二〇一九年六月二日に、野宿者が寝ていた渋谷区区庁舎の一角を突然封鎖しました。私たちはそれまでずっと区との話し合いを重ねてきたのに、まるでだまし討ちです。そのうえ、これに抗議したひとが二人も逮捕されるという事態にいたっています。逮捕されたひとはなにも悪いことはしていませんから、もちろん起訴などされません。でも、二〇日間みっちり勾留されて、ほとんど拷問のような仕打ちを受けています。それが、オリンピックを前に起こっている状況なんです。

堀　ありがとうございます。オリンピックを前にした東京の状況は惨憺たるものですね。一方で、今日大阪から来てくださったのが酒井隆史さんです。本日ご来場のみなさんも東京にお住まいの方が大半かと思うのですが、二〇二五年の万博を前に、大阪ではいまなにが起きているのでしょうか。では、酒井さん、よろしくお願いいたします。

動員構造から降りるために

酒井　酒井です。よろしくお願いします。『福音と世界』には、「参加しない勇気——大阪万博をめぐる断片的考察」というタイトルで寄稿させていただきました。

今回、執筆にあたってはいろいろ準備をして、バベルの塔の物語についてもちゃんと調べたんです。それと、あとで有住さんのテキストも読んで、それまでほんやりと思い込んでいたのとやや異なることが語られていることに気がつきました。わたしはバベルの塔の物語を、ギリシア神話のイカロスの物語と漠然と重ねてたのですよね。イカロスについては、みなさんごぞんじでしょうか？　イカロスが高く飛ぼうとして蝋で固めた羽根をつくるも、太陽にその羽根を焼かれて墜落したという伝説です。つまり、神の領域に踏み込む人間に神が怒り、その傲慢さを挫くという含意です。しかし、バネルの塔の物語は、神と肩を並べようとする人間のはてしない上昇志向への戒めのみならず、ヒエラルキーにもとづく統合の危険、一なるものの神による解体の物語でもあったのですね。

バベルの塔の逸話って、おそらく、メソポタミアで国家というものが最初に形成されたとされる時代のお話ですよね。しかも、言葉がわからなくなることを「混乱《バラル》」と表現している。英語で「バーバリアン barbarian」というと「野蛮人」をさしますが、それは「バルバル、バルバル」といった意味がわからない言葉を発しているひとたちにたいする、国家・文明の側からの蔑称なのです。

これはわたし自身がさいきん関心を抱いていることでもあるのですが、メソポタミアのいわゆる初期国家時代というのは基本的にバーバリアンと国家の闘争で成り立っていたそうです。メソポタミアの初期国家の周辺には壁が建てられていたのですが、かつてはバーバリアンからの防御壁だとされていました。世界史の参考書にもそのような図がなかったでしょうか？　ですが、どうやらそうではないことがわかってきた。その壁の主要な機能にはもうひとつあって、壁中にいる人間の逃亡防止だったらしいんです。壁のなかにいる人間たちは、しばしば壁の外に脱出してバーバリアンに合流し、みずからもバーバリアンになった。国家というものは脆弱で、初期においては、なにかをきっかけとする――感染症の拡がりや不作、戦争など――動態によってたちまち解体したようです。都市文明を特徴づける壁の主要な機能のひとつはこうした逃亡を防ぐことにあった。文明とはひとを一箇所に集合させ言語を統一しそれによって強制労働に従事させるための一種の機械だということを考えると、バベルの塔とは、言葉を共有しないバーバリアンたちと文明の間の物語、対抗《カウンター》国家の物語として読みなおせるのではないでしょうか。

オリンピックや万博といった現代のメガイベントも、基本的には同様の機能を担っていると思います。労働力を強制的に徴用し集約して、巨大モニュメントを構築しては集権的な文明の権力を維持・強化していくという点では、ピラミッドや古墳とさして変わるところがありません。これらはみな、人間と機械そして自然の複合によって作動するある種のマシーン、すなわちメガマシーンとして規定されうるはずです。

さて、大阪ではそのマシーンがたいへんなことになってます。よく大阪はどうなってるのと聞かれるので、みなさんも若干はその空気を察知しているかもしれません。なぜかというと、異様な強さを発揮し、衰えを知らないように見える維新の党の存在でしょう。一時期はこのままさすがに勢いも衰えるかと見られていましたが、またしても復活しつつあります。かれらの政策の中核をなしているのが、まさしく大阪の売り飛ばし《セリング・オーサカ》というべきもの、つまりはネオリベラリズムにほかなりません。ネオリベというのはいいますごくおおざっぱにいうと、公共部門を続々と民営化し競争原理を導入し、従来は不可能だった領域にまで市場原理を貫徹させることで、企業的論理によって社会総体の統治を推し進めていくということです。大阪に限らず、現在の都市政策はすべてこのネオリベラリズムによって構成されているのが実情です。

ところが、大阪のばあいには、そこにさらなるバイアスがかかっています。なにかというと、「イベント・オリエンテッド・ポリシー」といわれるものです。これはもともと一九七〇年大阪万博の開催を牽引した堺屋太一が提唱したのですが、どのような政策かというと、公共事業に投資することで可能になっていた戦後の高度経済成長をイベントへの投資によって代替し、街や商業をあらたに活性化しようというものです。じつは一般的印象に反して、統計的に見ると、万博はたしかに莫大な一時的利益をもたらしましたが、大阪の「経済成長」にはなにも寄与していません。むしろその衰退がはじまる転換点だったとすらいえます。にもかかわらず、大阪は、かつての大阪万博の「成功体験」なるものをいまだに引きずっているんですよね。その「記憶」が、イベントによる経済活性化への固執に結びついています。そこで目をつけられたのが都心のオープンスペースたる公園です。行政や民間資本が、公園の潜在的経済価値に注目しはじめた。

たとえば天王寺公園は、その独特の場所性(新世界や釜ヶ崎に近接している)もあって、かつては「民衆の公園」として有名でした。あちこちでひとが寝ていたり、物が売られていたり、テント芝居が開かれたりしていた。そこで嚆矢となったのが、八〇年代に開催された天王寺博というイベントです。そのさいに公園は封鎖され、原状復帰の約束を反故にして、壁に囲まれた有料公園として再開されました。とはいえ、それから二〇年くらいは天王寺公園は手つかずのまま残されていました。それが近年になって、近鉄を中心とした民間資本に大々的に委託され、かつての跡形もない「てんしば」なる商業空間となっている。これこそ、イベント・オリエンテッド・ポリシーのやりかたです。

大阪で次々と博覧会が開催されているのは、こうした政策の延長上にあるのです。これまでにも、何年かに一度は博覧会をやってきた。今回の万博は、そうしたイベント・オリエンテッド・ポリシーの流れのなかにあることを理解せねばなりません。万博にとどまらず、豊中市の服部緑地公園のように「活性化」など必要ないように見える場所ですら、その餌食になりつつあります。大阪は、無理やりお祭りを開くことでみずからをかろうじて生き長らえさせていくという、ある種の中毒状態に陥っている。そこに、不動産、興業会社、旅行会社、広告会社に各種メディアまでもが参入してきた結果、大阪はいまや、都市統治、メディア、エンターテインメントが融合した異様な空間になっています。吉本興業がそこで大きな役割を果たしているのは象徴的ですが、大阪人にとっては日常的に接する文化であるお笑いが取り込まれているのが、異様な雰囲気の理由のひとつなのかもしれません。

たとえば、大阪城公園です。この公園は、わたしが大阪に来た二〇〇一年には圧巻の空間でした。広大な敷地の樹木のひとつひとつに野宿者のテントがあるという印象だったのです。それから何度か大小の行政による排除が繰り返され、これも仕上げのように売り払われます。具体的に見るならば、二〇一二年に「大阪都市魅力創造戦略」なるものが立ち上げられ、大阪城エリアを「世界的観光拠点化」の一環に組み込み、この方針のもとで二〇一五年から「大阪城パークマネージメント事業」がはじまります。これによって公園の管理運営が電通などの大手企業五社の事業体に民間委託されます。

このように政治と経済と芸能が癒着しているので、維新がどんなに不祥事を起こそうが、どんなにウソをいおうが、メディアではたいした扱いも受けないし、ましてや批判を浴びせられたりもしません。そのかわりに芸人がツイートしたりするわけです、「都構想、夢があるんや」みたいなことを。で、そんな声が、いいね！　いいね！　と拡散されて、なにもかもを飲み込むという空気です。

万博に話を戻すと、その会場予定地は夢洲《ゆめしま》という埋め立て地です。夢洲はかつてオリンピックを誘致したときの残骸といわれていて、いまはゴミの廃棄場としてつかわれている場所ですが、府政はそこを開発しようと虎視眈々と狙っていたんです。その計画では、IRといわれるカジノとリゾートの統合施設をつくることが既定路線とされていました。万博はいわば、この計画を一挙に進めるために導入されたようなものです。いま、安倍首相は万博とIR法は関係ないと嘯《うそぶ》きつつ、万博までにIR誘致を成功させようと必死です。ちょっと調べれば、今回の万博構想委員会にはそもそもアメリカのカジノ業者が入っていることがわかります。かつてだったらこれ、スキャンダルではないでしょうか。でも、いまやまったく隠されていないのです。

では、肝心の万博じたいの内容はどうでしょうか？　一九七〇年の大阪万博が掲げたのは、「人類の進歩と調和」という、ベトナム戦争や冷戦、それに一九六〇年代後半の民衆反乱のただなかにあって、「欺瞞的」でありながらも、とにかくなんでしょう、信じているふりをしている感じはあったように思います。ところが、今回は、同じく「欺瞞的」でも、だれも信じているふりすらしないというのでしょうか。なにせ、「人類の健康・長寿への挑戦」がテーマなんです（笑）。もう、万博とカジノやめるのがなによりの貢献だろうという感じですよね。

たとえば、その一例をあげると、万博についての経産省の報告書が問題になりました。不自然な関西弁でこんなふうに書かれているんです。「万博とは、人類共有のゴチャゴチャを解決する方法を提供する場やで」。そして、その「ゴチャゴチャ」とはなにかというと、「例えばやな、精神疾患」。なんでしょう。さすがに、こういうとこ、もうちょっとまじめなふりしないとまずいですよね（笑）。

それから、医学生たちを中心とした「inochi学生プロジェクト」なる団体が自発的につくった「2025大阪万博誘致 若者100の提言書」というものもあります。妙に豪華なパンフレットなんですが、「LGBT特区をつくってそこで結婚式を挙げさせる」とか、やっぱいですよね。なんでも、「結婚するのに性別なんて関係ない。愛しているから結婚するんだ。

大阪に『LGBT結婚特区』を設定し、LGBTの人々の結婚を認め応援していく」だそうです。LGBTに「特区」って。で、「特区」で結婚させてって、人類の想像力の底を見たというような発想です。差別の裏返しでしょうけど、これも、なんとなくふざけた感じを与えますよね。これについてある当事者がみずからのブログで、「二〇二五年まで結婚できないんだ」と皮肉をいっていました。とりあえず差別やアイデンティティの問題を入れておけという空気は、ほんとうにいまふうです。でももっとも現代らしいのは、つまるところ目的はけっきょく経済でしかないことをもはやだれも隠そうともしてないところです。

それにしても、こんなことをしておきながら、なぜ万博があまり問題化されず、維新も支持され続けているのでしょうか。いま大阪のいたるところに貼られている維新のポスターはデカデカと「大阪の成長を止めるな」という文字だけがぐーっと前面に押し出されてるのですが、まさにこのキャッチフレーズじたいが、その理由を端的に示しています。このキャッチフレーズは、二〇一八年に大ヒットした映画『カメラを止めるな』から引っぱってるのでしょうが、重要なのは、このように堂々といわれるとまるで大阪が成長しているかのように見えるということです。しかも、その成長も維新のおかげのように見えてしまうでしょう（笑）。逆にいうと、維新に反対すれば大阪の成長を止めてしまうかのように感じてしまうでしょう。もちろん、言外にそれが意図されているわけですが。つまり、オレたちを止めると、成長も止まるよ、というわけです。電通かどこか知りませんが、ホントに、うまいですよね。

論考のなかでは、わたしと同世代かそれ以下の大阪の社会学者たちを批判しました。まさにそこに、この論理が集約されているように思われるからです。そして、外からは異様に見えるかもしれない現在の大阪における維新の盤石ぶりが、こういう言説の拡がりによっても支えられていることを理解するのは大切だからです。つまり、近年のこの社会の右傾化とか保守化といわれる現象の根はほんとうに深いのです。

この社会学者たちの言説がよく示しているのですが、そこでは「成長」は揺るぎない価値になっています。かれらだけではなく、決して安倍政権に与しない知的言説のなかでも、「成長」が重大な価値をもって語られる傾向が強く見られるようになりました。じつは、先ほどいいましたメガイベントの「建前は超テキトーで本音の経済（欲得）がダダ漏れ」という現在の傾向も、同じ構造のなかにあるように思うのです。つまり、「成長」が社会問題の「解決」として機能するというふうに位置づけられるから、「成長」それじたいが価値を帯びてしまうのです。たとえば、貧困問題とかいわゆる「格差問題」はこの「成長」を旨とする社会のありかたに淵源があるというひとつの知的かまえがあるとしたら、貧困問題も「格差問題」も「成長」によって解決するというのが、いまの支配的かまえです。これはネオリベラルと自認しようがしまいが変わりません。だから、この社会学者たちのように「開発を批判することは、貧困に沈めとでもいうことだ」といった、粗暴な二項対立を立てることができるのです。

これはかなり深刻だとわたしは考えています。維新のネオリベラルな政策との無批判な結託という現実における効果もあります。でも、ここで少し強調しておきたいのですが、わたしはいまの政策の良し悪しのずっと手前の話をしているのですよ。たとえば、明らかにネオリベラルな論理が貫徹し、都構想というきわめて問題含みの政策と絡み合っている維新の「西成特区構想」、そしてそれにともなうジェントリフィケーションに対し、「中立的で抑制的」というような言葉で研究者が評価してしまうことの問題です。これも強調しておきますが、現実にはさまざまな利害関係があり価値があり、それらがぶつかり合うなかで葛藤を抱えるひとたちがたくさんいるのです（「当事者」の声も、それがどれほど目立っていたとしても、あくまで「ひとつ」の「特定の立場」の声なのです）。にもかかわらず、そこで本来論証すべきもろもろのことが、研究者たちによってはまったくスルーされています。繰り返しますが、西成特区構想にかんしてはさまざまな反対意見もありますし、具体的に抵抗する運動への弾圧もあるわけです。それらもふまえながら、じぶんは異なるひとつの見解に与するのだ、という立場表明をすることはありえます。わたしはその立場に反対しますが、あえてこのようなかたちで批判することはなかったと思います。ほんとうに問題だと思うのは、そうした立場を取ることへの覚悟も見

郵便はがき

料金受取人払郵便

牛込局承認

4086

差出有効期間
2024年1月
31日まで

162-8790

東京都新宿区新小川町 9−1

株式会社　新教出版社　愛読者係
行

<お客様へ>
お買い上げくださり有難うございました。ご意見は今後の出版企画の参考とさせていただきます。

ハガキを送ってくださった方には、年末に、小社特製の「渡辺禎雄版画カレンダー」を贈呈します。個人情報は小社、提携キリスト教書店及びキリスト教文書センター以外は使用いたしません。
●問い合わせ先 ： 新教出版社販売部　tel　03−3260−6148
email : eigyo@shinkyo-pb.com

今回お求め頂いた書籍名

お求め頂いた書店名

お求め頂いた書籍、または小社へのご意見、ご感想

お名前	職業

ご住所　〒

電話

今後、随時小社の出版情報をeメールで送らせて頂きたいと存じますので、お差し支えなければ下記の欄にご記入下さい。

eメール

図 書 購 入 注 文 書

書　　　名	定　価	申込部数

せず、問題ぶくみの支配的政策を「中立的で抑制的」と擁護するような態度です。こうした「あれこれご意見はございましょうが粛々と進めんとする所存であります」的態度は、研究者のものというより「政治家」というか「官僚」の態度だと思いますが、それが（人文社会科学的な）知のかたちをまとっていることがまずいのです。ただし、こういうことをあえていわねばならないのも虚しい話です。というのも、一九世紀から二〇世紀の知識社会学や権力分析は、こうした「中立で抑制的」とされる知のかまえの問題、その権力性をつねに告発してきたからです。

ここではあまり追求しませんが、「経済学」領域以外のさまざまな研究が明らかにしたのは、ネオリベラリズムとは経済学説でも経済政策でもなく、ひとつの政治的プロジェクトであるということです。あえていえば、「経済」を主要なフィールドとする政治的プロジェクトであるといえるかもしれません。こうした「成長」至上主義が蔓延する文脈には、ネオリベラリズムを「緊縮政策」のように「経済」に縮減し、それに財政出動のような経済政策で対応できるかのように考えてしまう傾向があるようにも思われます。

すみません、少しややこしい話に立ち入ってしまいました。それにしても、このいわば「成長による動員」ですが、このようにさまざまな領域のひとたちを巻き込んでいながら、どこか熱気を欠いているように思いませんか？　エッセイでも書きましたが、かつての大阪万博は熱気もかきたてましたが、「反万博」の言説や行動も活気づかせました。太陽の塔の目の部分を赤軍かどこかの活動家が数日間占拠し、岡本太郎がその行動を讃えたというエピソードは有名です。ところがいま、イベントへの熱もそれほどでもないが、アンチの熱もぜんぜんである。だから、このゆるい熱でもって、動員はかつてなく成功する。エッセイのなかでは、ギー・ドゥボールの聖書に由来するらしい(スラヴォイ・ジジェクという哲学者がいってたことの受け売りです……)言葉、「脆い完成体」あるいは「脆い絶対」を引っぱってきました。ものすごく脆いんだけど、それを覆すようなものがなにもない、あるいはそれがすごく弱体だから、絶対に君臨するといった状況を表現するワードです。まさに、安倍政権がそうですよね。なにかしらなにまでぼろが出まくっているにもかかわらず、向かうところ敵なしといったありさまです。オリンピックも今回の万博も、すでにスキャンダルとウソと失敗の祭典と化していますし、その意味で「ぼろぼろ」つまり「脆い」のですが、にもかかわらず、それをくつがえす力がないがゆえになにもないかのようにつつがなく進んでいってるわけです。

そんな状況のなかでのすごく広い動員構造を説明する二つのワードが、「成長」と、そして「参加」だと思います。「参加」というと、オリンピックとボランティアの問題が、ファシズムを参照しながら批判されることがありますよね。これが重要な問題であることは、わたしもよくわかります。でも、そこに少し危険もあると思うのですよ。というのも、ファシズムの動員ってこう、わかりやすい「動員」でしょう。強力な指導者がいて厳格なヒエラルキーがあって、なにがしかの「価値」のもとに下から生き生きと、ときに熱狂的に自発的に参加する、ってそんなイメージを喚起しませんか？　これに囚われると、現在のこのあんまり「熱のない動員」構造を見逃してしまうように思うのですよ。

いまの日本のメガイベントとそれを取り巻くわたしたちの社会のうちに見て取れるのは、「参加」と「成長」の連携だと思います。とにかく「参加」はいいことだ、しかるに「成長」こそ「社会問題」の解決の鍵である。「成長」に参画すること、寄与することは「参加」することとなり。また逆も然り。西成特区構想もそれと並行したジェントリフィケーションも無前提に許容できる。前府知事の思惑通りです。つまり、ある種の「良心的」な参加と成長の要請とが合致してしまうのです。

いまのメガイベントは、経済的思惑のダダ漏れと建前の超テキトーさの奇妙な複合でありつつ、この合致と共鳴しています。でも、維新とかそれにむらがる企業群のあからさまな利権のむさぼり合いを見れば危機的で、「よくする」ことなんて錦の美旗としか思えませんよね。そんなことはだれの目にも明らかだし、それを指摘している大阪住民も、たとえばツイッターとかブログとか見ればたくさんいます。いつの世もそうですが、「錦の御旗」をこしらえるのは知識人です。でも、ここがいまの厄介なところです。たとえば、釜ヶ崎に星野リゾートをつくって開発をいっそう推し進めることは「成長」に寄与する「よいこと」だとします。それを言祝ぐことは、西成を「よくする」活動に「参加」していることなのです。そうなると、計画に反対するひとは、たんにひとつの立場を取っているだけではなく「よくしたくない」ひとになってしまいます。あるいは、無意味なことばかりする「なにもしていない」ひと、もっといえば「有害なひと」になってしまうわけです。

オリンピックについても同様です。エッセイでも参照した、小笠原博毅さんと山本敦久さんの『やっぱりいらない東京オリンピック』(岩波書店、二〇一九年)での指摘ですが、オリンピックをめぐる陣営は、それを積極的に推進したい側と、開催が決まってしまったからにはしかたないといって消極的に参加する側とに分かれている。ですが、この後者の陣営も、「オルタナティヴ・オリンピック」などと銘打ちながらけっきょくは動員されていくんだと指摘されています。この小冊子は今度のオリンピックがテーマですが、わたしは現代日本を全体として分析したものとしても、あるいは現代世界を分析したものとしてもとてもすぐれた本だと思います。なんかいわれたわけではないのですが、おすすめします(笑)。しかし、この「決まったらしかたがない、せめてよくしよう」という態度は、「転向」してあの戦争に参加していった知識人たちの心情を彷彿とさせませんか? おそらく、「決まったら仕方がない(少しでも、よくしよう)」という心情は、日本の支配の構造のうちにうまく統合されているようにも思います。

これもエッセイでふれましたが、近年、総務省みずからが「参加と行動」を促すいわゆる「主権者教育」を推し進めようとしています。その背景になにがあるのかはよくわからないのですが、おそらく、「参加」も「行動」もそのヤバい匂いが消えていきつつあることがひとつの文脈としてあるでしょう。それだけでなく、ここにはある種の反転もあると思うのです。つまり、かつては参加と行動といえば、知識をつけデモに参加し、いまの社会を支えるフレーム、ゲームのシステムを知るということを意味しました。つまり、それらはフレームを乗り越えようとする態度と密接に結びついていました。ですがいまでは、参加して行動しようとする態度は、そうした前提条件を問わないことと結びついています。いちいち立ち止まって、まてよそもそもこのゲームの土俵それじたいか……といったふうな態度は、いらないのです。

「なにもしない」ことの豊かさ

堀――ありがとうございます。有住さんから最初にお話があった「現代のバベルの塔」、その最たるものである東京オリンピックがもたらす危機を、いちむらさんにはご報告いただだきました。酒井さんの指摘されたように、大阪万博も同様でしょう。あるいは、日本社会全体がそうだといってよいのかもしれません。成長や参加といった「一つの言葉」のもとで、わたしたちはオリンピックや万博、ネオリベラリズムの統治構造へと動員されているのだと思います。

では、そうした状況から脱出するためにはどうしたらいいのか。きょうは最終的にはそれを見通したいと思うのですが、いちむらさん、いかがでしょうか。

いちむら　わたし自身はいわゆる野宿生活をしている身ですが、それにたいしてはやっぱり「なにもしていないひとたち」っていわれます。賃労働とその成果がひとをはかるための至上の基準となっているからこそ、そんなふうにいわれるんだと思っています。

でも、実際にはわたしもすごくいろいろな仕事をやっています。たとえば先日、反五輪国際イベントウィーク（二〇一九年七月二〇～二七日）が東京で開催され、国内外から研究者やアクティビストが集結し、抗議行動をはじめ、集会、スタディツアーなどがおこなわれました。東京オリンピックの開会まであと一年という時期に実施されたこのウィークにはわたしも運営側として関わったのですが、ほんとうに過労死するんじゃないかというくらい働きました。もちろん、まったくお金にはならなかったんですけれど。

それでもやはり「なにもしない」ひとたちと世間からはいわれてしまうわけですが、ではいまの社会はどうでしょうか。賃労働をして価値を生み出すということがとにかく絶対視されていますが、働くことイコール社会参加だというふうに、なんとなく思わされているだけのように見えるんです。

わたし自身、テント村に住むまではいろんなところで働いたんですが、そのなかには「こんな仕事やらないほうがまだマシなんじゃないか」と思わされるようなことも多かったです。逆に、テント村に来てからは、そんなふうに働いていないじぶんのありかたがいかに心地よいものかということに気づきました。ただ、テント村に住んでいると、野宿生活者への襲撃や追い出しに直面します。公共空間に暮らすということは、国家主義をはじめとする差別や暴力に抵抗せざるをえない状況に必然的になっていくことでもある。ですから、オリンピックに反対していくということはわたしの生活の一部です。

とはいえ、反五輪ウィークのときには、ものすごく苦労しました。国際連帯ということでさまざまな言語を話すひとたちが続々とやってきて、通訳を担ってくれたひとにはとても助けられましたし、ふだんとくに言語的な障壁がなくコミュニケーションをとれているということについても考えさせられました。ただ、それ以上に、さまざまな表現方法で難点を乗り越えてコミュニケーションを実現していくなかでは、オリンピックに反対する仲間とつながっているというたしかな実感を得ることもできました。ひとりひとり異なっているけれども、じぶんたちはけっして少数ではないと感じることができたのは、非常に大きな経験だったと思います。

ですから、「なにもしない」とはどういうことかを、あらためて考えてみてもよいのかもしれません。国家による成長のかけ声にたいしてはもちろん「NO」といいたいですが、すごく強大なものにむかって「いやだ」というためには工夫が必要です。どうしたらいいのか、いろいろと知恵を出し合っていく。「なにもしていない」といわれるわたしが、そういう意味ではたくさん活動しているなと思う今日このごろです。

堀 ありがとうございます。「なにもしない」というのはひとつのキーワードなのかもしれません。じつは有住さんには、『福音と世界』二〇一八年一一月号特集「〈場〉としての教会」にも寄稿していただいたのですが、そのときに有住さんに書いてもらった原稿のタイトルが、「何もしないでいい場所のために」でしたね。

有住 はい、そのときに堀さんからもらったテーマは、「サードプレイス」という概念やその実践を、教会との接点でいかに批判的にとらえるかということでしたね。もともとは家庭とも職場とも異なる第三の場所を意味するサードプレイスですが、その日本での語られかたを調べると、非常にマズい状況が見えてきました。どうやら、いま日本で実践されているサードプレイスは、企業が終業後に屋上のテラスでバーを開いて、そこで異業種交流会をする、といったことでしかないようです。つまり、労働と生活がもはや区分不可能なまでに一体化している現実のなかで、サードプレイスはその一体化をゆるがすものとなるどころか、ひとをより強固に労働へと結びつけ利益を生み出す、経済成長のための一時休憩所《ピットイン》になりさがっている。あるいは、そもそもサードプレイスとはそういうものなのかもしれないですけど。

ともあれ、すくなくともわたしとしては、そうしたリードプレイスにはもはや積極的な意義を見出しえません。だとすれば、なんらかの目的に結びつけられていない場所ははたしてありえるのか。そんなことを思って書いたのが、あのときの原稿でした。ただ、「なにもしない」ことの大切さを思いつつも、それっていったいどういうことなのかはわたしもいまなお見えていません。追い出しなどによって場所を奪われるような状況がそこかしこで続くなかで、どのように「なにもしないこと」の抵抗を考えたらいいのか、モヤモヤしているところです。

でも、酒井さんがさっきいったように「成長」がある種のマジックワードとして機能しているという点については、ほんとうにそのとおりだと思います。「成長をしなければ貧困になるのもしかたない」とまことしやかにいわれる。成長か貧困か、そんな二択じたいがいやだなと思いますね。わたしは『じゃりン子チエ』(作・はるき悦巳)という漫画がすごい好きなんですけど、そこに出てくる大人たちのほとんどは働いているのか働いていないのかよくわからないひとばかりです。主人公のチエちゃんは子どもながらにホルモンを焼いて働いていますけど、そのおやじの竹本テツは、ヤクザに金をせびるよくわからない男です。労働者もいれば、テツのようになにをやっているのかもよくわからないひともおおぜいいる、そうした『じゃりン子チエ』の世界観がすごく気に入っています。オリンピックや万博は、そうした世界を不可能にし、労働して賃金を得て、それでモノを買って生きるという労働―消費―成長のサイクルを押しつけるものでしょうし、そのサイクルに取り囲まれているのがわたしたちの現実なのかもしれません。

堀　『じゃりン子チエ』といえば、酒井さんもお好きですよね。

酒井　いい作品ですよねえ……。テツってなにもしないんですが、いつもなにか余計なことをしてるんですよねえ。

それで思い出すのが、だいぶ前の話ですが、だめ連の神長恒一さんだったかな、「労働しないから忙しくってしょうがない」みたいなことを口にしているのを聞いて、ちょっとした衝撃が走ったのです(笑)。たしかに、そうです。賃労働しているか、もしくはなにもしていないかという二項対立が、わたしたちにはものすごく根づいてますよね。神長さんのこの発想は、典型的にアナキストのものだということをあとで知りました。これってすごく重要なのです。おおよそ、ひとは労働から解放されたらなにもせず、するとしたらろくでもないことである、というふうに考えてますよね。じぶんにもどこかそういう発想がないかというとウソになります。だから衝撃受けたんだと思いますし。

たとえば、ディズニーのアニメ映画に『ウォーリー』というのがありました。あれ、いい映画でしたけど、その点では、そういう一般的な思い込みの典型ですよね。あの映画で描かれた未来世界では、人間は労働をロボットに委ねて、ただただ一日中食べて飲んで楽しんでぶくぶくと太っていました。まあ、これがわたしたちのイメージなわけです。これにたいしてアナキストたちは(あるいは、それ以外にもこのように資本主義を問いに付したひとたちはたくさんいましたが)そのような想像は誤っているといいました。むしろ、労働から解放されてこそひとは真に能動的に活動をはじめるのだというのです。もちろん、アナキストならば、一日中ぐだっとしていてもかまわないともつけ加えるでしょう。いずれにせよ通俗的には、労働から解放されたらひとはなにもせずに寝ていたり、ただただ享楽したり、浪費したり、あるいは悪事を働いたりするだけだろうといわれます。ですがそれは、おそらくわたしたちが、日々の賃労働に疲弊しきった状態の人間しかイメージできていないからではないでしょうか。たしかに、休日に労働から束の間解放されたとしても、たいてい疲れて寝てるしかないですもんね。それは、かなり「なにもしていない」に近い状態ですよね。ですが、もしも労働からほんとうの意味で解放されたら、どうでしょうか。そこでは、労働だけが唯一の活動のありかたとされていた世界では「なにもしていない」かのようにみなされていた、あれこれの雑多な活動が豊かに浮かびあがってくるのではないでしょうか。

堀　あたかもなにもしていないかのように思われる活動の豊かさや、またそこから自生的に生まれてくるルーズな共生空間に目を向けるというのは、統治にたいする争点となりえるように思えます。ただ、いま難しいのはそのルーズさを保っておくことなのかもしれません。サードプレイスのように理想としてうたわれた空間であっても、そこで現に駆動しているのは真逆の、すべてを貸し借りに還元する負債の論理でしかないでしょう。野宿者に向けられる非難も、いわば場所をタダ借りしているという点に集中しているように思えるのですが、いちむらさん、いかがでしょうか。

いちむら　渋谷で起こっている野宿者の追い出しは、オリンピック以前からも再開発を口実におこなわれてきたことでした。それにたいして、野宿者と支援者で結成したのが「ねる会議」です。野宿者は寝ているだけで「怖い」とか「邪魔だ」しかいわれます。横たわって寝ていること、その一人分の体のスペースですら、「占拠している」とされます。でも、「寝る」ことは人間が生きるうえではぜったいに必要じゃないですか。「ねる会議」は、寝る場所を守るための策をねる会議なのです。

渋谷区では、広大な敷地が企業や公共施設によって所有されています。ですが、それはどうして「占拠」とは呼ばれないのでしょうか。わたしたちが寝ているスペースだけが、なぜ「占拠している」「邪魔だ」と非難されねばならないのでしょうか。要するに、ひとが生きる、生活するといったごくあたりまえのことが軽んじられます。わたしたちを非難するひとにたいしては「じゃあ皇居は許されるのは、なにか？」と問いたいところです。

「ねる会議」では、みんなで公共空間に集まって寝るようにしています。差別や襲撃があるなかで、仲間がいるとすこしは安心して寝ることができます。公共空間にみんなで寝ること、みんなで食事をすること、それ以上でも以下でもありませんが、これがわたしたちの活動です。とかくなにもしていないかのようにみなされますが、ものすごく抵抗していきます。ですから、「なにもしない」という実践を考えるうえでは、その場にある権力との関係性が重要なのではないでしょうか。家庭のような私的空間ではなく、どんどん公共空間に出て「なにもしない」といわれるようなことを実践したいと思います。ボイコットのようにも見える形で、おかしな経済サイクルにノイズを生み出すとき、その隙間のほうが生きた心地がするように感じます。積極的に「なにもしない」ことを公園や路上で実践していく、それが大切なんじゃないでしょうか。

堀——公共空間でというのが重要ですね。私的空間のばあい、なにもいわなくてもお茶が出てくるのを期待して待っているといった家父長的なイメージが想起されますが、そうではないわけですよね。

いちむら　そうですね。支配する側が暗黙裡に強制してくることにたいして、しいたげられた側がなにもしないという不服従はパワフルなたたかいでもありますが、危険をともなう脆弱な状況にさらされます。すくなくとも外見上女性に見えるひとが公共空間で寝るのと、男性に見えるひとが公共空間で寝るのとでは、身体感覚やそこでの経験はやはりまったく異なると思います。家父長制を粉砕しようと女性の社会参加をめぐってたたかってきた運動は、性差別のうえに成り立っている社会構造を暴くことになり、バックラッシュが起こりました。その後、女性の社会進出は進みましたが、いま、多様な性の権利運動はどんどん資本主義に巻き込まれつつあります。つまり、社会参加が個人の資本を増やすことと同義のようになってしまっている側面がある。いまフェミニズムはこのようなシステムを批判的に問いなおす局面にあるわけですが、公共空間に出ていくということについても、その場をどう他者と共有するのか、あるいはなにをもって共有とみなすのかを考える必要があるのではないでしょうか。空間をある種のひとだけで占有するのではなく、いろんな立場のひとたちが共に存在する実践が求められていると思います。そのためにじぶんの身体はときに痛みを伴い、ボロボロになる可能性すらもあるでしょう。それでも、それぞれの喪失を想像し共感しながらその場を守りつづけていく。すごく複雑で細やかさを要する実践ですが、何万人もひとを集めるとかではなく、あくまでそうした自分の実体験に根ざして取り組むことが大切なのだとわたしは思います。

堀　東京オリンピックは外国人観光客数として三〇〇〇万人を見込んでいるそうですが、そんなことはめざさないということですね。人数の問題ではなく、多様なひとが多様なままにどう場を共有するかを試行錯誤していく。その点では、さっき有住さんから出たサードプレイスの議論にもつながるのかもしれません。企業は、いってみれば一定の土地を占拠していますよね。ビルを建て、メンバーシップを定める。そこではメンバーシップを有するひとだけが、サードプレイスをうたう一見自律した空間を営めるわけですが、内実はしょせん占拠であり独占です。そうではない共有化の実践は、いかにして可能なのでしょうか。

有住　大阪の釜ヶ崎で育ったわたしは、その街でキリスト教と出会いました。山の手に教会を建て、中産階級にむけて伝道をおこなってきた従来のキリスト教の姿勢を転換させ、労働者と共に生きる教会を模索していた「労働牧師」たちが、一九五〇年代から釜ヶ崎で運動をはじめていました。かれらは、組織や共同体と切り離されていた労働者たちと共にいかに生きのびるかという問いに、街ぐるみで取り組もうとしました。原口剛さんの著書『叫びの都市』（洛北出版、二〇一六年）に詳しく書かれていますが、釜ヶ崎が男性単身労働者の街につくり変えられたのは、一九七〇年の大阪万博前後でした。そのころ釜ヶ崎に来ていたひとびとの多くは大阪以西からやってきた元炭坑労働者や造船業労働者で、日本の開発主義経済や産業政策によって仕事と故郷を失ったひとたちです。そうしたひとたちの家や故郷となるものを釜ヶ崎という共同体のなかでつくろうとしたのが、労働牧師たちのめざしたことだったと思います。

こうした「開発主義」とのたたかいは、一九六〇年代後半にラテンアメリカで起きた「解放の神学」でも大きなテーマとなりました。解放の神学は、すばらしいものとして喧伝される「開発」が、ひとびとに進歩や成長をもたらすどころか、反対にありとあらゆる搾取、貧困、抑圧をもたらしていることにたいする全身全霊の教会的応答でした。解放の神学者たちは、開発が植民地主義の新しいすがたにほかならないことを見抜き、ラテンアメリカが被ってきた何百年にもわたる植民地主義とのたたかいを開始しましたが、一九六〇年代から七〇年代にかけて、釜ヶ崎とラテンアメリカでは、同時代的に開発主義の問題がするどく問われていたことをおぼえておきたいと思います。

投資家やデベロッパーからすれば、いまの釜ヶ崎はまさになにも生み出さない空間ということになるのでしょう。でも、釜ヶ崎はかつてもいまもみんなの家だったと思います。それがいま資本の力で解体され、みんながなにもしなくても過ごすことができた懐の広い場所が、私的な消費空間に変えられつつある。釜ヶ崎という街の歳月を思うと、こうした現状にかなしくなります。あらたに開発される街のなかに、商業空間ではない公共空間、企業にコントロールされずに自由に集まれる場がどれほどあるのでしょうか。釜ヶ崎とラテンアメリカにおける解放の神学に学びながら、現在の開発主義を食い止めるためにはいったいどうしたらいいのか、知恵を絞りたいです。

ゲームのルールじたいを問う

堀　「なにもしない」ということは、それじたいが攻撃の対象にされたり、あるいは収奪されて資本の論理に組み込まれたりして、ともするとその実質を失ってしまう。これに抗してなにもしないでいつづけるには、逆説的ですが、ある種の「もののやりかた」が必要なのかもしれません。体力もいるし、攻撃もされる。それでもなお「なにもしない」ことに託されているのは、いったいなんなのでしょう。

酒井　ちょっとさっきの話と視角が違いますが、現代の世界では、じつは「なにもしない」ことも難しくなってますよね。たとえば、一日休みがあるとしましょう。かつてなら休みの日に家にいれば、それこそゴロゴロして、無駄な出費をすることなどなかったかもしれない。

ところがいまでは、ゴロゴロしながら、ついスマホを片手にネットショッピングをしてしまう。もしかすると街を歩いていればつかわなかったかもしれないお金を、なにもせずに家にいたばかりにつかってしまうという……。

これは、「なにもしない」ということもふくめてわたしたちの社会生活や欲求が、「経済」になかば自動的に加担するように縫合されているということでもあるでしょう。

二〇一一年の福島第一原発事故以降、これまでと同じ生活を維持することが至上命令となって、なにもなかったかのように日常を継続し労働と消費を続けていくことじたいが、あの手この手で強制されました。そしてそのような態度は、福島復興に「参加」している、「よくしている」とされました。「食べて応援」って、その論理をよくあらわしていますよね。それにたいして、このゲームを相対化することは、その相対化の深度に比例して「なにもしていない」どころかシステムを侵害しているとみなされました。被ばくのおそれから避難するひとたちは「放射脳」の「エゴイスト」である、とみなすようなものです。「非常事態」が日常生活、つまりこのいまあるゲームの強化と結びついているのが現在です。この状況は、おそらく気候変動のもたらすさまざまな問題がどんどんあらわれていくなかで、深まっていくのではないかと思います。こうなると「よくする」ということ、そのために「参加すること」は、ゲームを疑うことなくこの日常の労働と消費を維持していくこととほとんど等しくなっていきます。あえて「よくしたくない権利」をいってみたのは、このような状況認識があるからです。いろんな「よくしたい」があるわけで、それをぜんぶいっしょくたにして文句をつけたいわけではありません。わたしたちには、「この」ゲームを「よくしたくない」権利があるということです。

堀 ゲームのなかでよくしていくのか、ゲームじたいを相対化して「よくしない」ほうにむかうのか。そこに分岐点があるわけですね。今回の特集でのいちむらさんの取材記事には「生活 against オリンピック」とタイトルをつけさせていただいたんですが、いちむらさんの活動でも「よくする」ことがめざされているわけではないですよね。いわば、生活それじたいが賭けられている。

いちむら 生育環境をつうじて「よい／悪い」の区分を教え込まれ、その思考習慣から逃れられないということは往々にしてありますよね。ですが、その結果、なにもしないことや、なにかに貢献できないことに、すごい罪悪感を感じてしまう。自己を肯定できずそれで死にたくなるひとって、いっぱいいると思います。もう死にたいといって、じぶんを責める。

根本的な原因は、そういう空気がじとーっと横たわっているこの社会にあると思います。参加と行動、よくすることばかりに執着するネオリベ的な思考がおかしいといくら思っていても、まとわりつく空気にすごく圧迫されてしまう。そして、じぶんの気持ちを殺して就職活動をしたり、望みもしない仕事をしたりするようになってしまう。

　この空気感は天皇制からネオリベラリズムにまで相通じるものでしょうが、どうにかできないかと思います。こういった空気のなかでわたしもだれかを殺したくないし、生きてもいたくない、でも殺されたくもないと、野宿生活をしています。もちろん生活を守るために仲間も必要ですが、うまくやれないことも多くて、やっぱりものすごくしんどいです。天皇制やオリンピックに同じように反対していても、このひととはつながりたくないと感じるひともいますし。でも、そのへんの距離感を確認しつつ、徐々に変えていくような工夫がないものかと思っています。

　そのためには、うまくやっていけないひとといっしょにやっていくことが必要なのかもしれません。優秀なひとがいれば物事はサクサク進むのでしょうが、そういう効率性を重視する姿勢そのものに抵抗していきたい。そう思って、ゆっくりとやっています。

なにごとかをなしうる力を取り戻す

酒井　これはよくいわれることですが、一九六四年の東京オリンピックを境に東京から消えたもののひとつに空き地があります。開発が進み、土地を遊ばせておくということがなくなった。この一見些細にも思える出来事は、じつはこれまで話してきた問題と密接につながっているんです。遊具があらかじめ与えられているわけではない空き地では、子どもたちがじぶんでゲームをつくりあげてプレイすることができた。プレイするということが、じぶんたちで相談してルールを設定し、ゲームそのものをつくりあげる想像力と深く関わっていたのだともいえます。ですがいまでは、公園に行ってもさまざまなルールがあらかじめ設けられているし、子どもたちも携帯ゲームばかりしていたりする。すでにあるルールのなかでどうやってこなしていくかしか考える余地がない。そしてもちろんそこには、なにもしないひと、よくすることに貢献しないひとの居場所などない。

有住 キリスト教会も、望ましい方向性に貢献しないひとを駆逐してきた歴史があると思います。一九世紀から二〇世紀のキリスト教界を主導した人物のひとりに、植村正久という神学者がいます。かれは武士階級の生まれだという自負がすごく強いひとで、「我輩の教会に、車夫、職工の類はいらない」と語ったという伝説があります。労働牧師たちは植村的なものにたいするアンチテーゼとしてみずからのキリスト教運動を展開していったわけですが、いずれにせよ、教会はかつてもいまも、主流派にとって気にくわないひとを排除しつづけてきたことは事実です。

わたしが子どものころに住んでいた街は、ヤクザのエルサレムみたいなところで、そこらじゅうにヤクザの事務所がひしめきあっていました。ヤクザの事務所の入り口に盛り塩がしてあって、当時のぼくはその塩をなめながら路地を歩いていたんですが、ときどき事務所のなかからおじさんが出てきてお菓子をくれたことをよく覚えています。

いまでは暴力団対策法(一九九二年)や暴力団排除条例(二〇〇四年〜)が施行され、街ではそうしたひとたちの存在が不可視化されています。子どものときはごくありふれていた存在が、いまやほとんど見当たらない。以前、わたしが歌舞伎町に住んでいたころも、当初はまだ地回りをしているひとたちがいたんです。でも、二〇一一年に石原慎太郎元都知事の都政下で暴排条例が施行されて以降は、その姿がピタッと消えてしまった。そのひとたちは、じっさいに消えたわけではなく、いまも街のなかに生きています。ただ、居場所を奪われてしまった。教会から、公園から、街から追い出されるひとがいて、人間の雑多さが淘汰されていく。それが問題なのだと思います。

いちむら　わたしが子どものころに育ったのも、やっぱり空き地だらけの街でした。空き地って、ほんとうにいろんな可能性がある場所ですよね。とくに、捨てられているガラクタを拾って意味のないような不思議な物(オブジェ?)をひたすらつくるのは楽しかったです。ただそこでは、カツアゲされたりチカンにあったりとか、いやな思いもいっぱいしました。小柄だったり女だったりするともっぱら狙われるわけですから、ほとんど弱肉強食です。暴力的なひとが現れたら逃げるしかないし、そのひとたちがどこかに行ってはじめて一息つける。そういう意味では、空き地なんてろくでもないことが起こる場所だと思っていましたし、弱肉強食という点ではいまの社会の暴力や矛盾がそのままむきだしにあるのではないでしょうか。

ただ、だからといって警察なんかに管理されるのはすごくいやな気持ちがする。警察が介入したところで、暴力的なひとはいくらでもいますから根本的な解決にはつながりません。それよりも、わたしみたいに逃げるしかないひとたちといっしょになって、こっそりと隠れてものをつくる、そうすることで強いひとが支配するのではない場、つまり空き地化するということに可能性を感じています。ですから、空き地はそういう可能性を秘めた場ではあるけれど、決して楽園ではない。いろんなコンフリクトがあり、逃げたり、ごまかしたり、ときには工夫して立ち向かったりしないといけない。そうこうするうちに、なにもしていないのに忙しい、という状態になっていくのかもしれませんね。

酒井　そうですね。先ほどとりあえずわかりやすく空き地をプレイのスペースとしましたが、他方でいちむらさんのいわれたように、空き地は暴力とヒエラルキーと疎外の渦巻く「弱肉強食」のスペースでもあるわけで、だから、それじたいをまるごと理念化するわけにはいきません。課題としてずっとありますよね。マイノリティの安全を求めることが、権力の手で「治安」へと翻訳されて、権力の介入の肥大化や強化に結びつけられるのをどうするかという課題です。この循環の罠をどう断ち切るか。そのような切断とひとの間の関係の結びなおしの契機は、運動とか日常の知恵のなかにこそ多数見出されるように思いますが。

これもいちむらさんがいわれているように、「参加」しないこともまたむずかしいです。なんでこの「よくしよう」の動員力が強いかというと、ひとは「よくしたい」し、それにじぶんが貢献したいんですよね。さっきもいいましたが、わたしたちもけっきょくはそういう欲求を分かちもっているわけですし、世界に希望があるとして(「希望」ってあんまりつかいたくないのですが)、そういう欲求こそがその基盤となる最小の頼りなわけですから。エッセイでも最後にサーファーの例を出してますが、これ、知ってるひとは知ってる、ベーシック・インカムの議論のなかでの有名な事例なのです。それによると、ある大哲学者が「なんにもしてない」サーファーにも所得保障するのかとベーシック・インカムに反対していったらしい。それにベーシック・インカム擁護者の研究者が応じて、地球の破壊に荷担していないという意味ではサーファーも「貢献」しているのだといったとかいわなかったとか……ちょっとうろおぼえで怪しいですが、だいたいそんな雰囲気の話です(笑)。「成長」とか「経済」を指標にしたらサーファーの貢献はゼロに近いですが、視角を変えれば、むしろ「成長」とか「経済」にはプラスなことが地球にはマイナスの貢献になる。こういう発想の転換で、じぶんはなんにもしてないと思ってるひとが「もしかするとじぶんのほうが貢献してるかもしれないぞ」とハタと元気づけば、とも思って書いたのですが、それもそんなに割り切れなくて、むずかしいですよね。いずれにしても、こういう「参加しない」行動とかって、ひとりじゃむずかしいと思います。発想の転換を与えてくれるのも他者だし、それに勇気を与えてくれるのも仲間だったりする。

オリンピックにせよ万博にせよ、メガイベントはひととモノと自然を鋳型にはめつつ、略奪的に作用する装置だと思うんです。「大阪大売り出し」という話をしましたが、公園とか地下鉄とか、ひとびとが長年かけて育んできたさまざまな価値が、維新を中軸におく利権複合体によってどんどん私有化され、収奪されています。これは、あたらしくものを生産して価値を生み出すという資本主義のプロセスが立ち行かなくなっているということでもあるでしょう。現にあるもの、これまでは売り物に(して)はならないとされてきたものまで売り物にして、そこからカネを巻き上げなければ、資本主義は回らない。

それはすでにしばしばいわれているように、資本主義が終焉に向かっているということのしるしであるのかもしれません。でも、次の社会はぜんぜん見えてきていません。むしろ確実に垣間見えているのは、さまざまの(自然から労働までをふくむ)環境の悪化とともに、ますます横暴になっていくこの社会の姿でしょう。そんななかわたしたちはいま、みんなで違うゲームを出し合ったり試し合ったりして、これからますますさまざまに降ってくるであろう困難への準備をしていく必要があると思います。メガイベントは、モノに関わるだけでなく、わたしたちの想像力を封じ込め、このゲームしかないという無力感を与える巨大な装置です。そういう意味では、メガイベント的なものとその「参加」の強要からの離脱は、わたしたちがじぶんたち自身の力、なにごとかをなしうる力を取り戻す第一歩でもあるように思います。

「「古代の廃墟」としての近代」の廃墟

ボイコット
2020—2021

IRIE Kimiyasu
入江公康

オリンピックがきらいだ。すこしも興味をもてない。というよりスポーツそのものに興味がない。いや、気晴らしにそれをすることにとくだんの抵抗はないつもりだが、それを「観る」ことにほとんど意味を感じない。★[I]

たとえば、どこのファンかときかれても鬱陶しいだけだ。こちとらどんな球団があるか知らないし、野球のルールすら理解しているかどうか怪しい。子どものころから、どこか球団のファンであるのがあたりまえであるかのごとく、「きのうの試合は……」とやられるのは苦痛以外のなにものでもなかった。

マラソン中継などもはなからみる気がおこらない。たんに走っているだけの映像を眺めるのは退屈そのものだ。四二・一九五キロのドラマ？　たから？　それで？　いったいなにがおもしろいのかさっぱりで、走者の苦痛の表情がみたい？　その表情の変化がドラマだ？　サディストじゃないの。

キリがない。まあいい、またしても五輪である。どんなかたちであれ、四年ごとにくりかえされるこのマンネリのバカ祭りにつきあいたくはない。しかし、東京でやるのでどうしても目に耳にとはいってくるし、知覚を遮断してもむこうからせまってくる。無視のしようがない。反対するしかない。

それは古代オリンピアの廃墟ではなかったのか

都心では、国立のスタジアムほかオリンピック関連施設が突貫で建設された。建設現場は労働者の頭上でクレーンが資材を吊り下げ超絶危険であることが報道されたりもした。巨額のマネーが投下され、あからさまに利権屋が蠢《うごめ》き、ゼネコンが舌なめずりしていたのは目にみえている。

周囲は再開発とともに公園が閉鎖され、「外国人の目にいれては困る」「いてもらうと体裁が悪い」野宿者が排除されもした。「テロ対策」を名目とした監視社会化も着実に進行し、メトロポリス東京は被災民を置きざりにしつつ、「復興」のスペクタクルをこれでもかとみせつけてくるのだ。

しかし、これらのことはすでに多くのひとが報告してくれているだろう。だから、ここはべつの側面から眺めてみようか。

ルネサンスからバロックにかけて廃墟画がたくさんえがかれた。あるいはテーマそのものとしてえがかれなくとも、背景のなかに廃墟がまぎれこんでいるものも多い。

ルネサンスとバロックにかけてといったが、多少なりともつっこんでいえば、それはマニエリスムの時代に隆盛をきわめたのだった。マニエリスムとは、芸術上のジャンルやテーマがパターン化し、やたらと技巧的になったり、細部に執拗にこだわるような様式のことをいうだろう。技巧に走りすぎ、細部をつめるあまり「古典的な」文法から逸脱し、あらぬ綺想を展開させたりもする。「マニエラ」とは手法という意味だ。ちょうどこのふたつの時代――ルネサンス、そしてバロック――に挟まれるようにマニエリスムは登場した。転じてそれはマンネリズムのこととも なる。

ラファエロの晩年にはすでに、美術史は、それがマニエリスムス（マニエリズモ）と名づけ、古典主義の堕落した形式として解するものの萌芽を認めている。さまざまの形式をとって現われうる作為的な「手法（マニエラ）」は、生い繁って古典主義的規範を蔽ってしまう。

以上の引用は、文学上マニエリスムをはじめて画したE・R・クルツィウスの『ヨーロッパ文学とラテン中世』から。ここで古典主義とは、神話や聖書にテーマや題材をもとめ、均整と調和をもってそれらを表現しようとするものだろう。

クルツィウスの弟子G・ルネ・ホッケはマニエリスムを、些末に拘泥し、技巧に走る、美術史の正統——古典主義——からはみでた、偏奇で「堕落した」芸術上の様式とはみずに、そこに積極性をみようとしたのだった。既存の枠をゆがめ、逸脱し、綺想をそれそのものとして表現する。また、そうであるがゆえ、それは不安を誘い、秩序や均衡、整然性を脅かし乱す——自立した芸術上の一ジャンルとして。

新国立スタジアム。「どこの近未来だよ」と思わせるカブトガニみたいなザハ案が頓挫し、今回できあがったスタジアムは「木造」を前面にだし、緑にかこまれ、建物自体にも木を植えるようなものとなっている。その形はローマの円形闘技場に似ているといえばいえなくもない。

けれど、ここで完成したシロモノを眺めやりながら「廃墟」のイメージが浮かんできたのは私だけか。コロッセウムに似ているからというのもあるし、樹木に囲まれて見捨てられ朽ち果ててゆくさまをどことなく思わせるからというのもある。

廃墟画がえがかれたのは、ひとつには破局や没落への予感からだ。そこでは終末が先取りされ、しかも終末のさらにその先をも先取りしている。秩序はあっけなく崩壊し、繁栄が一転して没落にかわる。過去そこにあったであろう堅牢な都市をそれとなく感じさせつつ、また、それゆえに「儚《はかな》さ」として、崩れかけた柱や瓦礫　草生《む》す建物の残骸をえがく。ひと気を感じさせず、静まりかえって、がらんどうな——意味を抜きさられた——存在として。廃墟とは、そうであれば、忘却のかなたの碑であり、だれのものであるのか、そこに刻まれた文字もおぼろげな、うつろな墓でもあるだろう。

そのモチーフには巨大な構築物が多い。廃墟画は〈近代〉に生きる卑小な人間が〈古代〉の偉大な神や英雄をたたえた遺構や彫刻を仰ぎみるものとしてえがかれたともいう。背後に近代と古代の優劣を争った新旧論争があるというが、「巨大」へのそうした憧憬を谷川渥はメガロマニア（巨大嗜好症）と呼ぶ。そして、どうやらこの嗜好の対象はオリンピアのあの古代ギリシアではなく、とりもなおさず古代ローマなのだ。

国立のスタジアムをはじめとし、関連施設も競うようにしてつくられ、かつそれと並行するように周辺の再開発が強行される。高層化された複合商業施設や企業本社ビル、ホテル、タワーマンションなど巨大建築の群れと、あわただしい空間の再編。かくも「巨大」であることの動機には、古代の帝国ローマへの憧憬が存在するのではないかとも思わせもするのだ。そして、その「帝都」たることの仕上げ、五輪を梃子にした「都市改造」はやむことなくつづいている。

「廃墟価値の理論」とは、「特別な材料を使い、特別な力学的考慮を払えば、数百年後あるいは数千年後の瓦解した状態にあっても、なおローマの手本に匹敵する建築が可能であろう」ということである。私の思想を絵で示すために、一枚のロマンチックな絵を描いた。それは、ツェッペリン飛行場の桟敷が、数世代にわたる忘却の果てに、木蔦が茂り、柱が倒れ、そちこちの囲壁は崩れているが、全体の遺構はまだはっきりと読みとれるさまを描いたものである。

以上はおなじく谷川によるシュペーアの回顧録からの重引である。ナチスの軍需相アルベルト・シュペーア、いわずとしれたヒトラーに寵愛された建築家だ。シュペーアは第三帝国のベルリンを古代ローマに模し、しかもそれが廃墟たることを夢みたのだった。その述懐から、谷川はそれが永遠の廃墟、廃墟の永遠性に投影された権力意志の発露とみている。「廃墟価値の理論」あるいは「廃墟の法則」は、してみればやはり「うつろひ」の美学とは無縁である。それは、誇大な権力意識と持続への志に支えられ、みずからの行為の所産を古代ローマ帝国のそれに重ね合わせることによってむしろ永遠化しようというしたたかな自信の表われというべきである。

天皇《エンペラー》、執政官《コンスル》、元老院《セナトゥス》、独占・多国籍企業の貴族《パトリキ》どもが牛耳る東京。このメガロポリスはむろん民衆の生活に立脚して構築されてなどいない。高層建築群の上層階では、日夜、飽くことない貨殖と民衆の富を吸いあげるための謀議、豪奢で淫靡な宴、えたいのしれぬ儀式がくりひろげられている。

ギリシア建築の空につきぬける白はそこになく、あるのはあの黒ずんだグレーの気の重くなる構築物だけだ。そのさなかに出現した木造の巨大コロッセウム。そして、ここで代替わりしたばかりのエンペラーが震災で傷つき汚染された斜陽帝国の「復興」を世界に宣言することになるだろう。くだらない催事には古代のイミテーションたる天皇制という退屈かつ愚劣なマンネリズムこそふさわしい。

もとより「スクラップ&ビルド」をくりかえす日本の都市に「廃墟の永遠性」などもとめるべくもないのかもしれない。あるとすれば、それは「一時的な廃墟」と「復興」の異様に加速されたそのくりかえしだけなのだろう。それは震災も戦災もそうであったし、前東京オリンピックもそうだ。バブルやそのごの再開発もそうだった。

五輪目前にナルヒトが帝位に就いたのは偶然ではなく、さしずめ老体のアキヒトに灼熱の開会式途上で倒れられたら目もあてられないからである、などとつらつら考えながら、つづけてこんなヴィジョンをえたのだった。

灯された聖火は周囲に燃えうつり、このスタジアムが大炎上する。そして燃えのこった残骸は木であるがゆえに、「いっときの廃墟」としてのスペクタクルを遺憾なく世界にさらすのだ。開催されなかった一九四〇年東京オリンピックのその五年後、帝都は廃墟——ああ、そういえばオリンピック作戦（本土侵攻作戦）が実行されるまえに——と化していたが、あの真ん中の広大な空間とともに、東京が草生す廃都としてえがかれるのは、いったいいつのことになるのだろうか。★2

ドーピングとアスリートの終焉、さらなる人間の高みへ

オリンピック——まあ、スポーツ全般にいえることだが——というのは、記録を競い、勝利することを目的として開催されるというのだが、これもよくわからない。オリンピック精神はフェアをうたう。しかし、だれからも抜きんでた、もってうまれた、並はずれた身体能力をもつ選手がいるとして、その条件でそのまま競技をすれば絶対に勝つのであれば、すでにそれだけでアンフェアではないか——という疑念がつねについてまわるのだ。こう以前から怪訝に思っていた。

きょうび、よくドーピングが話題になる。選手はギフトされたじぶんの肉体を鍛え、技を磨いている。日夜努力し、日々精進している。そこに薬物をもちこみ、その力で勝とうなどというのはズルである。したがってドーピングをおこなった者には出場停止などの措置がとられ、ほうぼうから非難が浴びせかけられることになる。

しかしながら、こうした見方も現在ではもはやナイーブにすぎるのかもしれない。いまや事態はホルモン剤投与からゲノム操作技術にまでいたろうとしており、その領域も薬理学から生物医学、遺伝学や再生医療をもふくめた最先端医療全般にまたがって、選手の肉体——あるいはメンタルにも——にさまざまに改造をくわえ、競技がおこなわれる事前事後の一貫したプロセスにおいて、バイオテクノロジーその他のサイエンスがいちいち介入しようとしているのだ。★3

そうであれば、もはやドーピングがルール違反だなどとつまらないことはいわず、それを軽々超えた「科学の祭典」にしてしまったらどうか、などと夢想してしまうのだ。

ここでいきなりだが、レーニンのライバルでもあった古参ボルシェビキ、アレクサンダー・ボグダーノフを思いだした。ボグダーノフは輸血による血液交換によって、人間の肉体はそれまで以上のヴァイアビリティ＝活力を獲得しうるという構想をもっていた。★4 共産主義をめざし階級闘争をたたかう強靭なプロレタリアートの創出というイデオロギーがその背後に存在することはいうまでもない。血液交換が人間の肉体に刺激的な効果をもたらし、それは「若返り」や「回春」を期待しうると、そこからその制度化までをもくろんだのだが、こうしたボグダーノフなりのプロレタリア優生学《ユージェニクス》のアイディアは、みずからの肉体での実践によるじしんの死によって潰えることになる。いわば「血」の共産主義に殉じたのだ。ソヴィエト科学、おそるべしである。

ここでこのように考えてしまう。オリンピックなどというのは、もはやプロアマ問わない、巨額の資金が注ぎこまれるバイオテクノロジーによる「改造人間」のインターナショナルな実験場であり、どうじにその結果でもあるのではないのか。超人願望といえばそれまでだが、どうせそのようなものであるのなら、オリンピックをまさにそのようなものとして開放してみたらどうなのか、と。肉体を改造することによってだれしも参加しうる五輪。なんならサイボーグ化だってありだろう。

そして国家や民族を超えた共有された「血」によってプロレタリアどうしの紐帯が築かれる。あらゆる競技は階級闘争だ。資本が生産するエリートたるアスリートに独占されることのないプロレタリア・インターナショナルなアマチュアスポーツの祭典——ということを。

もうひとつソ連サイエンスに登場してもらおうか。冷戦はなやかなりしころ、ソ連は超心理学を利用した心霊兵器の開発をおこなっていたなんて話がさかんにされたものだった。透視やテレパシーの実験、念力や生体磁力で物をうごかす、遠隔読心術、考えただけで人を殺せる——などなど。

こういう話はオカルト心をくすぐる。じぶんにもそんなまだ知らないすごい力が秘められているかもしれない。なにかのきっかけでそれが開花するのではないか。あるいはトレーニングすればじぶんもその力をものにできるのではなかろうか。そうだ、オレもまず手はじめにスプーンを曲げてみよう……。

ソ連の超心理学や心霊兵器がほんとうであったかどうかはさしあたりどうでもよい。そうして、ついついこんなことを空想してしまうのだった。

オリンピック種目にサイキック競技をとりいれるのはどうか。たがいに身体を接触させることなく相手を倒したり、念力で槍投げやハンマー投げ、あるいは手足をつかわない球技などは？　じゃあ、短距離でも長距離でも瞬間移動で競うとか。それならスポーツにまるで関心のない者でもおおいに興味がわこうというものだ。これでもう、一ヵ月たらずテレビに釘づけだ……。

こういうのはまあ、皮肉か冗談半分としてきいておいてもらいたいが、いずれにしてもオリンピック／パラリンピックなどは選別・差別の体系以外のなにものでもない。マッスル・エリートたる一部アスリートに多額のカネがつぎこまれ、製薬会社、医療ビジネスから広告代理店に放送局まで、その他無数の利権団体がむらがる。一部がオリンピックを腐敗させているという話では毛頭ない。何千億かですませるという話だったのに、「最終的には二兆円くらいかかるんじゃない」と、オリンピック組織委員会会長・森喜朗がヌケヌケとぬかしたのはだれしも記憶にあるところだろう。いまさらいうまでもないが、五輪そのものがタカリの構図でできている。★5

ここでまたもや思いつく。国際的なプロジェクトというのなら、オリンピックにカネをつぎこむよりも「廃墟」にカネをつかう世界遺産のほうが大事じゃなかろうか、などと。そうだ、もっと世界遺産にカネをつかうべきだ。そして過去からひきつがれた、唯一無二の、かけがえのない遺産たるこのオレを世界遺産に指定しろ。ああそうだ、このワタシは世界遺産だ。だから保護すべきである。そして、保護・維持費用としてベーシックインカムをよこせ——そうだ、すべてのひとを世界遺産に。

とりあえず、こんなふうに「廃墟」の話のつづきから連想したのだった。この原稿を書くにあたってみようと思っていた、自民議員が試写会で憤慨した(?)という、東京五輪を腐したらしい『麻雀放浪記２０２０』はまだみることができていないのだが。

現在（二〇二〇年四月）、コロナ禍の影響で五輪の開催の延期が決定されたところである。コロナがあろうがなかろうが反対であることにいささかも変わりはないわけだが、しかし、この疫禍はいつまでつづくのだろうか。いまのところ、だれもそんなことはわからないわけだが、いずれにしてもこの五輪のせいでどれだけ対策が遅らされたか、どれだけそのためのリソースをもっていかれたか、そして、これからもどれだけ無駄に力を注がねばならないのか、その皺寄せはだれがうけることになるのか——反対するしかないではないか。五輪などというものに寸分たりとも期待などしてはならない。

にしても、東京の「廃墟」のイメージを一九四〇年の五輪開催中止からその後の焼野原のイメージにひきよせて本文中に記しておいたが、しかし現在、来年の開催すら危ぶまれる事態すらささやかれているわけで、開催を強行するにせよ（するつもりらしいが）無観客試合などということにでもなれば、それもまた「廃墟」感がハンパないという感慨をえて戦慄しているところである。

註

★1―古代ギリシアのオリンピック観戦について、トニー・ペロテット『驚異の古代オリンピック』(矢羽野薫訳、河出書房新社、二〇〇四年)がおもしろい。つぎの文章は古代オリンピック観戦にまつわる一コマ。「スタディオンで日中を過ごすだけでも、オリーブの冠に値する偉業だった。早朝から夏の日差しはかなりきつく、前の晩に騒ぎすぎた観客も多かっただろう。せめてもの救いは、入場が無料だったことだろうか。観客は早朝から一六時間、立ちっぱなしで(古代ギリシア語の「スタディオン」は文字どおり、「立つ(スタンド)場所」という意味でもあった)、帽子も傘もないまま容赦のない太陽と突然の雷雨にさらされる。得体の知れない腸詰や岩のように硬いパン、怪しげなチーズなどを行商人から売りつけられ、焼けつく喉にワインで流し込む。何よりもつらいのは、オリュンピアには安心して飲める水がなかったことで、川も夏場は干上がっていた。脱水症状になった観客は、心臓発作に襲われて次々に倒れたことだろう。風呂になど何日も入っていない。強烈な汗のにおいは、オリュンピアのかぐわしい松林や野花の香りでも打ち消せないほどだった。汗のにおいを忘れさせてくれるのは川底から断続的に漂うにおいだけで、からからに乾いた川は屋外トイレと化していた。おまけに延々とわいてくるハエと一日中、闘わなければならない。オリンピック観戦の不快さは広く知れわたり、ある主人は言いつけを守らなかった奴隷に対して、オリュンピアに観戦に行かせるぞと脅したという」。

★2―廃墟画は旧約の「バベルの塔」をえがいたものも多い。すぐ思いうかぶのはブリューゲル(父)の作品だろう。こうしてみれば、メガロポリス東京を古バビロニアのジグラットの林立とみたててもいいし、吸血鬼のごとく周縁から富を吸いあげ、たえまなく奴隷を欲する新バビロニア=バビロン・システムというふうにみるのもいいだろう。

★3―「ドーピング」という問題についてはジャン/ノエル・ミサのパスカル・ヌーヴェル編『ドーピングの哲学』(橋本一径訳、新曜社、二〇一七年)が詳しい。そこにこうある。「平等はプロスポーツの主要な価値ではまったくない。競技スポーツとは根本的に不平等である。

図式的にいえば、勝利する選手とは、最良の遺伝子的可能性を持ち、最適なトレーニング条件と医療スタッフに恵まれた者である。「同じ土俵での戦い」(to compete on a level playing field)という表題はまやかしだ」。まあ、そういうことだろう。

★4―ボグダーノフはプロレットカルトに熱心で、SF小説も書いたし、サイバネティクスの先駆けとなるテクトロジーなる経験科学の刷新をはかる新科学も考案。また、ラマルク主義を支持し、メンデル法則をうけいれなかった。ヴァイアビリティを獲得するためのエクササイズやダイエット(食餌療法)の重要性をとなえ、メタボリズムやシステム均衡という観点から人間の身体を考えようとした(Bogdanov 2001)。

★5―五輪の「経済効果」の虚偽については、アンドリュー・シンバリスト『オリンピック経済幻想論』(田村優訳、ブックマン社、二〇一六年)が参考になる。シンバリストは五輪にともなうジェントリフィケーションを報告する。たとえば、リオ・オリンピックでは、オリンピック反対運動や貧民街排除への非常に激しい抵抗があった。抵抗は大会終了後もつづいていた。ブラジルはオリンピックのみならずサッカーのワールドカップ開催にたいしても激しい反対運動が巻き起こったが、こうした「商業イベント」がなにを意味し、ひきおこすかよく理解しているということだろう。「ビラ・アウトードロモは開催に向けた取り組みのなかで排除された(あるいは部分的に取り壊された)貧民街のひとつだ。元々のプラン(「モラル・カリオカ」)では、貧民街へのサービスを近代化し、都市中心部の生活へと統合していく予定だった。しかし多くの貧民街は4つのオリンピック地区の周辺に位置し、海の眺めが素晴らしい丘の中腹にあった。開発者たちはこれを新しい高級住宅建設の機会だと捉えた。それが貧民街に統合ではなく、破壊をもたらす結果になった。貧民街の住民たちは友人や、子供の学校や、仕事から引き離され、数時間かかる都市の西の郊外へ移住を余儀なくされた。この劇的な再編成は二〇一六年リオデジャネイロ大会の遺産となるだろう」。

参考・引用文献

谷川渥『廃墟の美学』集英社、二〇〇三年
G・ルネ・ホッケ『文学におけるマニエリスム　上・下』種村季弘・矢川澄子訳、現代思潮社、一九七一年
――『迷宮としての世界』種村季弘・矢川澄子訳、美術出版社、一九七〇年
E・R・クルツィウス『ヨーロッパ文学とラテン中世』南大路振一・岸本通夫・中村善也訳、みすず書房、一九七一年
A. Bogdanov (2001) *The Struggle for Viability, Collectivism through Blood Exchange*, translated and edited by Douglas W. Huestis, Xlibris Corporation.
マーチン・エボン『サイキック・ウォー――恐怖のソビエト心霊兵器』近藤純夫訳、徳間書店、一九八三年

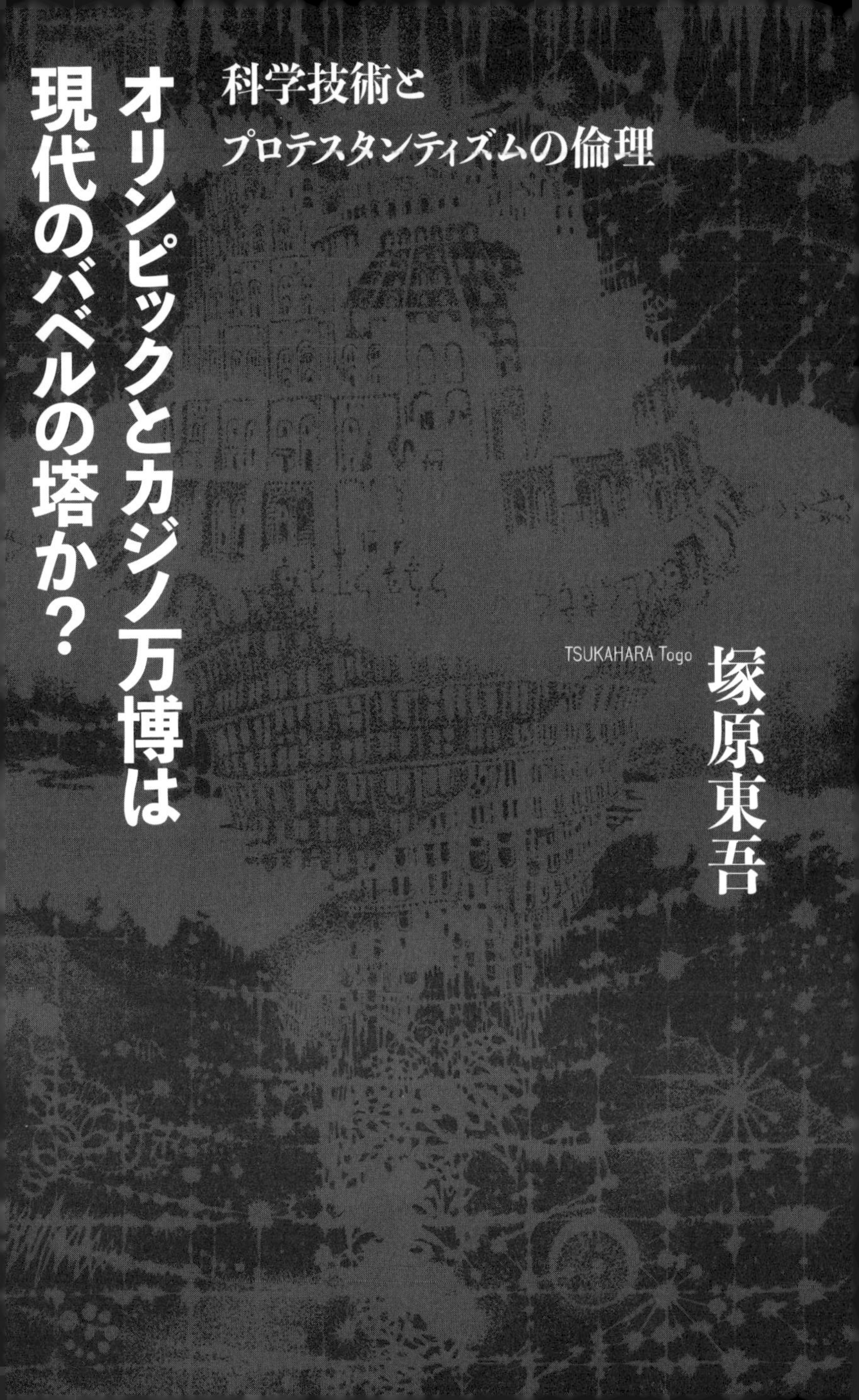

オリンピックとカジノ万博は現代のバベルの塔か?

科学技術とプロテスタンティズムの倫理

塚原東吾
TSUKAHARA Togo

現代のバベルの塔

オリンピックやカジノ万博は「現代のバベルの塔」なのだろうか。

たしかに両者とも、神をも恐れぬかのように、人間のなすことの限界まで挑戦しようとしている。オリンピックは身体能力を競いあい、それを示す場となっている。いうならばそれは地球の重力や大気中の酸素含有率への挑戦である。自然と人間をつくりたもうた神への挑戦である。

万博は人類の知性や科学技術の到達点を示すためのショーケースである。そもそもからしてバベルの塔的である。

それらに伴う経済効果や「精神的効用」も期待されていて、「日本を元気にする」ため、さらに国際社会や平和に貢献するためのものでもあるという。

そのような美辞麗句にならんで、二〇二五年の大阪万博はカジノと一体化するという構想が示されている。「神はサイコロを振らない」と言ったのはアインシュタインだが、ギャンブルを許す神は、人類史上(少なくとも管見では)いなかったはずだ。筆者は宗教史の専門ではないが、カジノ万博はあまりにストレートな瀆神ではなかろうか。

そう考えると、オリンピックやカジノ万博が現代のバベルの塔であるという比喩はなかなか正鵠を穿ったものに聞こえてくる。これらのイベントはどう考えるべきなのだろう。

バベルの塔の物語は、技術支配や植民地主義からの解放の出来事や、言語や文化の多様性再発見の物語として読みなおすことも可能かもしれない。だがむしろこれらのメガイベントに通底するのは強烈な技術信仰や発展史観だろう。発展への根拠のない希望であり、約束の地への誘惑が強いメッセージ性をもって発せられている。

オリンピックや万博に内在する発展史観や技術信仰は、ナイーブなものである。だから受け入れられ、再生産されやすい。筆者は科学史を専門としていて、蘭学から明治の近代化などを身過ぎにしているのだが、これらメガイベントでは、文明開化の音や富国強兵・殖産興業という掛け声も遠くから聞こえている。

発展や技術はこのままどこへ向かうのだろう。そこに限界があることは誰もが気付いているし、環境問題は深刻で、いまや人の活動が地球に不可逆的な地質的変化をもたらす「人新世」と呼ばれる時代になってきた。そのような時代のメガイベントをどう見たらいいだろう。どのような方向へとわたしたちは舵を切っていくことができるのか。

オリンピック――災害資本主義と正常性バイアス

オリンピックについては、商業主義の問題がすでに多くの論者から指摘されている。スポーツの持つさまざまな抑圧的な問題、勝利至上主義やスポーツの内包する暴力性の問題なども論じられている。またスポーツの名を借りた国家間競争はヒートアップしている。ナショナリズムの代理戦争、すなわちオリンピックのメダルの獲得競争は、本来ならオリンピック憲章に反することである。

パラリンピックも問題なしとは言えない。人体改造やエンハンスメント（積極的な医療介入による人間の能力のサイボーグ的向上）を含む生命の資本主義化の推奨につながっているし、さらには軍事化を糊塗する意図も見え隠れしている。現代のパラリンピックで、特にアメリカの選手たちの多くは元兵士であるし、パラリンピックの起源は、第一次世界大戦で脊髄損傷を受けた車いすの傷病兵によって行われたロンドン郊外マンデビル病院でのアーチェリー大会である。

オリンピックについては、小笠原博毅・山本敦久をはじめとする研究者が検討を進めている。彼らの編著のひとつ（『反東京オリンピック宣言』航思社、二〇一七年）に著者も寄稿した。そこでは、このオリンピックが三・一一からの復興を名目にしていることは問題であると論じた。災害による窮状を口実に開発や資本主義的な収奪を進めることは、ナオミ・クラインが「災害資本主義」と名付けた現象である。二〇二〇年の東京オリンピックは、まさにそのような災害資本主義が発動された好例である。

なかでもこのオリンピックは、フクシマでの原発事故が「完全に制御されている（アンダー・コントロールである）」との虚言の下で誘致されている。フクシマの廃炉も進まず、汚染水も垂れ流されているなか、なぜこれを言えたのだろうかと、深刻に考えた。これは大まじめに進められており、手続き的にも承認されている。つまりすでにそれは「集合的虚言」として社会的に受容されてしまっている。だとしたら、そこには何か、単なる虚言よりさらに深い社会心理的・政治技術的な機構があるはずだ。

筆者はそれを（ある種の災害資本主義による例外的政治、まさにアガンベンの言うような「例外状態《エマージェンシー》」が誘導されたなかで）「正常性《ノーマルシー》バイアス」が集合的に起動されたものだと解釈した。「正常性バイアス」とは、災害や緊急の危機状態にある人間が、心理的なパニックを回避するために、「いやいや、大丈夫、自分はフツーだ、正常だ」と、危機をわざと無視する心理機制のことである。帰還するように促されても帰還できない多くの住民・避難者がいたり、甲状腺ガンの疑いで多くの子どもが手術を受けたりしているさなかに、それでもオリンピックをやろうというのは、まさに「正常性バイアス」の名に値するのではなかろうか。

そのようにして「ゆでガエル」ができあがる。あるいはわれわれは、まだ中のほうが冷たい豆腐に頭を突っ込むことで安心してしまい、そのままタマゴをかけられて柳川鍋になってしまうドジョウである。

カジノ万博——神戸からの警告

バベルの塔の比喩を考えるなら、この万博が行われるのが大阪湾の埋め立て地である夢《ゆめ》洲《しま》であることも、さらに示唆的である。言いたいのは、「ノアの洪水」である。日本は現在、地震の活動期に入っている。東南海沖の地震などへの対応を真剣に考えなくてはいけない時期である。また温暖化にともなう気候災害も考えられる。関西国際空港が台風で冠水したのは二〇一八年の九月のこと、七月の豪雨では土砂崩れなど多くの災害が起こった。まだ一昨年のことであって記憶に新しい。

この夢洲は地盤が緩くて、津波や高波などの水害にきわめて脆弱な場であることは、すでに多くの研究者から指摘されている。神戸大学の田結庄《たいのしょう》良昭（名誉教授）は、これをいくつかの論文で警告している。この万博会場は、津波や高波などの海からの災害に、きわめて弱いのである。

この「バベルの塔」が「ノアの洪水」で流されるとしたら、それはどう考えればいいのだろう。

我田引水で恐縮だが、筆者が勤める神戸大学は一九九五年の震災以来、アカデミックにも社会的（ボランティアなど）にも、さまざまな形で災害研究を進めてきている。原発と震災の関係をいち早く警告していたのは、神戸大学の教授であった石橋克彦（現在は名誉教授）である。石橋は地震学の立場から一九九七年には「原発震災」というコンセプトを提出していた。それは福島第一原発で実際に起こったことである。石橋の悲劇は、このような警告を発していたことではない。そのような学術的な警告がほぼ完全に無視されてきたこと、そして福島でこの警告が的中してしまったことにある。

大阪万博でも、神戸の震災から学んできた田結庄の警告は無視されるのであろうか。最初は悲劇でも、二回目は喜劇になるとはマルクスの教えである。だがバベルの塔がノアの洪水で流されたとなっては、まさか喜劇として笑うわけにはいかないではないか。

バベルの塔（なう）——科学史の視点

冒頭では、オリンピックや万博などのメガイベントを支えている背景には、技術信仰や発展史観といったものも底流にあると書いた。科学技術はバベルの塔であるという比喩は、古くは伏見康史（一九八二）や槌田敦（一九七八）に見られ、近年では八代嘉美（二〇一二）らも使っている。

だがここでまず考えておきたいのは、科学技術のレベルや質の違いである。バベルの塔（旧）を旧約聖書の時代の科学技術によるものとするなら、バベルの塔（なう）は現代の先端的な科学技術によるもので、それはそもそもの旧約聖書のバベルの塔を支えた技術とは「質的に」異なる。

その差異は、「科学革命」の前後での差異である。一七世紀科学革命の前後で、人間と自然の関係は根本的に変容したというのが、科学史の教えるところだ。ガリレオがカトリック教会から断罪された後には、人間の知性（なかでも「科学」）は自然を介入可能な支配の対象として見るようになった。デカルトはその科学の知から哲学を救うために、心の問題を自然の問題から分離したと考えていいだろう。

そして近年の科学技術の発展や展開はすさまじいスピードで進んでいる。ＩＴによる、ビッグ・データや生命そのものまでに迫るような「人間による自然への介入」には、圧倒的なまでの深度や広がりが生まれている。

そうなるとこんな論理になる。バベルの塔(旧)は、近代以前の技術で建設が試みられた。だから失敗したのである。だが現代の科学技術はバベルの塔(なう)を支えるもので、すでに畏れるに足るような「前近代の神」など超えている。旧約聖書の時代のバベルの塔(旧)は、携帯もコンピューターも無い時代の試みだったのだから、失敗して当然だ。いまや科学技術は数学という武器を研ぎすまし、さまざまな道具(大掛かりな科学機器や自然改変のための機械)を持ち、実験を行ったりサンプリングをしたりして自然をコントロールしてきた。「知は力」である。技術と一体化した科学は、いまや物質を原子核やナノレベルで操作しており、生命現象そのものに到達しようとしているし、知能さえも「人工」的に作り上げられる日が近づいている。だからいまさら、神の罰を畏れる必要はない。嬉々として、この塔(なう)を高く積もうではないか。われわれは、一七世紀の科学革命以降、数次の産業革命や科学上のブレークスルーを経て、高度の技術的デバイスによる情報の巨大な集積とネットワーク化が可能な境地に到達している。

バベルの塔(なう)とプロテスタント的倫理

となると、これをどう考えたらいいだろう。

科学技術をめぐる問題について、現代では、カトリック的な保守性にすがることがほぼ唯一のよすがに見える場合もある。もちろん中絶反対などに見られるような行き過ぎはあっても、「つつましい生活」や「人間の身の丈にあった生き方」をやんわりと説教するのは、とてもカトリック的で立派な叡智のように聞こえる。いうならば、穏健派クリスチャン的な徳倫理を説く村上陽一郎らの主張にはきわめて説得力があると感じられる。

つまりある意味「カトリック的な保守主義」が、「プロテスタンティズムの倫理」に忠実な資本主義ラジカルよりも必要で重要なこともある。またかの深井智朗は、メルケルの保守主義とトランプのリベラリズムを対比させ、現代社会の諸問題の背景にはプロテスタンティズム内部の差異があると示唆していた。[★1]

だが残念ながら、バベルの塔(なう)を支える側に対して、温和なキリスト教的(特にカトリックやプロテスタント保守的)説教は、もう聞き入れられないだろう。思想・哲学の問題としては、ガリレオの断罪事件（とデカルトの出現）を経て、バベルの塔（旧）なら有効だった神を畏れよという説教は、二一世紀のグローバル・ハイテク社会では、ほぼ終わっている。そのように人間が神を畏れなくなった結果、プロテスタントラジカルの所業によってグローバル資本主義が成立・席巻している。そしてわれわれも唯々諾々と、それらの恩恵を享受して生きているのだから。

だとすると、まさにそうであるからこそ、「本質的に」答えなくてはならない問題が存在している。それはプロテスタンティズムの神学的な立場から、「自然」と「人間」の関係を理論化すること、国家と商業主義とスポーツの関係、環境へのスチュワードシップや貨幣、そして資本やカジノ、スポーツや人間存在そのものの「悪」との関係を、現代の言葉で明らかにしていくことだろう。

プロテスタンティズムが資本主義や科学技術的な合理主義とそりがいいとしたら、それはオリンピックや万博ともそりがいいのだろうか。一体それは、バベルの塔（なう）を擁護する思想であると考えていいのだろうか。

召命説にしても、万人司祭説にしても、個人主義的で勤勉を推奨する「倫理」や資本主義を支える「精神」は、ある意味、バベルの塔（なう）を支えるメンタリティに適合性があったと考えられる。ウェーバーが論じたように、それはきわめて限定的ながらも、倫理的で道徳的な立場である。立派なプロテスタントの石工が、現代では科学者となり、そしてITのエンジニアやエンジェル投資家となって、二一世紀のバベルの塔（なう）を建設することを「召命《ボケーション》」としているというのはあながち外れていないだろう。

ミッシェル・フーコーの「生—政治」や「生—権力」の概念を発展させて、「生—資本論（バイオ・キャピタリズム）」を批判しているカウシック・ラジャンは、アメリカのバイオ・ベンチャー企業を研究している。そこでラジャンが見いだしたのは、ベンチャー企業の創始者たちの言葉遣いに、きわめてキリスト教的、しかもエバンジェリカルな用語が多用されていることである。それは「約束」であったり、未来に対する「ヴィジョン」、人類にとっての「ミッション」であったりする。彼らは単なる金の亡者や、一攫千金を狙う山師のような俗物ではない。そうではなく、むしろ宗教的とさえ呼べる情熱に基づいて自らの使命を規定し、人類と世界のあり方さえ問い直している。彼らは勤勉かつ合理的な、プロテスタント的倫理の全き体現者たちであると見受けられる。

*

筆者は神学には門外漢だが、カール・バルトにはリスペクトを惜しまない読者の一人として、いまバルト読みの方々に問いたいのはこういうことである。たとえばバルトの神義論は、さまざまな論者によって実に詳細に論じられているが、現実の問題にどのように答えるのかがどうもよく分からない。火急の問題としては、バルトなら、ギャンブルを「悪」と考えていたのだろうか？　カジノ万博やオリンピックのメダル獲得競争は「(神の)愉快」なるゲームとして楽しまれるべきなのだろうか、それともそれは「悪」なのだろうか？　これらメガイベントは、ノアの洪水に対してきわめて脆弱な場に建てられるバベルの塔(なう)ではなかろうか。だとしたら、これもバルト的な「危機」ととらえていいのではなかろうか。

一九三六年のナチによるベルリンオリンピックをバルトが楽しんでいたはずはない。ではいま、バルトを読む人々は、バベルの塔(なう)と目すことができる東京オリンピックとカジノ万博に、どのように向き合ったらよいのだろう。「神の愉快なパルチザン」であったバルトなら、オリンピックやカジノ万博に対して、どんなパルチザンシップや「危機の神学」を見せるのだろう？

註

★1―プロテスタント内部の差異をアメリカ政治の文脈での科学技術政策の分岐に置きなおしてみると、たとえば生命倫理では、ブッシュ政権ではバイオ・テクノロジーの行き過ぎにブレーキがかけられていた。いわゆるキリスト教保守派による、生命性の保護である。それに対して民主党の科学ロビーは一般に先端科学を推進する側にいる。たとえばクリントン政権でのインフォメーション・ハイウェイなど、情報インフラの整備があげられる。だがそこでは、利益団体との関連で、保守と改革の方向が逆転することもある。たとえば環境問題については、トランプや共和党政権が化石燃料利権と密接に結びついているので、気候変動派を潰しにかかっている。逆にゴアのことを想起するなら、彼の環境問題にかける情熱が、ほとんど宗教性さえ帯びていること(神によって創造された自然についてのスチュワードシップ)も見て取れる。民主党が抑制側で共和党が推進側である。ゴアはある種のプロテスタンティズムの最も良き部分の発現形態であるだろう。

その輝きには要注意！

「参加すること」に
意義はあるのか？

TANAKA Toko
田中東子

オリンピックと万博の思い出

のっけから個人的な体験談となり恐縮だが、一九七二年に生まれ新宿で育った筆者にとって、鮮明に記憶に残っている「オリンピック」のなかでもっとも古い大会は、一九八四年のロサンゼルス大会である。そして万国博覧会（以下、「万博」）といえば、一九八五年のつくば万博が想起される。

八四年のオリンピックはブラウン管越しに鑑賞したに過ぎないが、その思い出の多くを占めているのは、活躍したアスリートの姿以上に、コカ・コーラやマクドナルドのロゴとＣＭであった。日本社会がまだバブル経済のとば口に立つか立たないかという時期、ようやく近隣にぽつりぽつりと立ち始めたマクドナルドのハンバーガーや、我が家では母親に飲むことを禁じられていた焦茶色の飲料水は、まだ現在のように健康を損ねる食品だと忌避されることもなく、アメリカ的消費文化への憧れの象徴として煌《きら》めいていた。

つくば万博には、より強烈に愛着を抱いていた。当時ＳＦ小説好きであったこともあり、「人間・居住・環境と科学技術」をテーマにＳＦ的ガジェットと未来感にあふれたパビリオンにはとてもワクワクさせられ、両親にせがんで会期中に四、五回は通ったと記憶している。特に公式パンフレットの冒頭に掲載された新井素子氏の小説とその挿絵が魅力的で、暗記するほど繰り返し読んだものである。

どういうわけか、一九八三年に開園した東京ディズニーランドで遊んだ記憶が、これら二つの思い出とともに脳内に格納されている。当時の筆者のなかでは、オリンピック、万博、ディズニーランドのいずれもが、どことなくアメリカっぽく――当時はこの「アメリカっぽさ」こそが「インターナショナルなもの」であると錯覚していた――近未来的でキラキラ輝くオブジェクトの数々を提示しているという点で、同じ地平にあったのだろう。

国威発揚の場から市場化へ

「オリンピック」と「万博」はそれぞれ個別の文脈の中で生まれ、展開され、固有の歴史を持つイベントだ。さらに、初期オリンピックが包摂よりも排除を通じて人種差別や性差別に加担してきたのに対し、万博は帝国主義的なまなざしのもとに「世界」と「被支配者たち」の陳列という包摂を通じて人種差別や性差別に加担してきたイベントである。このように考えるのであれば、本書で同時に批判の矢面にたたされているこの二つのイベントの間には、共通項よりむしろ大きな差異が横たわっていると言えるだろう。

とはいえ、オリンピックと万博はどちらも近代に生まれた、モダニティを象徴する巨大メディア・イベントであることに間違いはない。特に二〇世紀を通じてこれら二つのイベントは、映像を中心とした新たなメディア技術によって大きくとりあげられ、人類の進歩・発達・発展という近代的な――ということはつまり、人種差別と性差別で満たされた――進歩史観を喧伝し、国威発揚のためのイデオロギー装置として存分に機能してきた。

では二一世紀に突入した現在、これらの二つの巨大メディア・イベントにはどのような評価が下されているのだろうか。

「万博」を通じてメディア文化とモダニティとの関係を素描し続けてきた吉見は、一九九二年に出版された『博覧会の政治学』（講談社、二〇一〇年）において、大阪万博からつくば科学博までの日本で開催された各万博は一八五一年のロンドン国際博覧会以後の万博と同様、「所得倍増＝高度成長の夢のなかで育まれ」たイベントであったものの（吉見二〇一〇＝一九九二、二四頁）、近代とポスト近代の分水嶺の時期とも言える八〇年代のつくば万博とともにその役割を終えたと記している。

しかし、のちに吉見は名古屋万博への関わりという経験を経て、その前言を翻す。一度は終焉したと述べた万博について、「開発主義的な経済政策や戦後国家の万博開催のシステムが破綻した後に主役として登場してくるのは、（中略）グローバルな市場、その動向を左右する巨大企業が公共的な文化においても支配的な影響を及ぼしはじめている」（吉見二〇〇五、二七七頁）、「もはや主役が国であるというよりもグローバルな資本や市場であることは明白である」（吉見二〇〇五、二七八頁）と語り、グローバル企業への売り渡しという形で万博は再生され、復活したと主張するようになる。

また、二〇二〇年の東京オリンピック招致が決定されるやいなや、積極的に反対運動を行ってきた小笠原は、現在のオリンピックを「破られるべくして破られる約束にあふれたこの文化イヴェントは、最も高値をつけてくれる買い手にスポーツ自体が進んで身を差し出す四年に一度の見本市と化している」（小笠原二〇一六、二四九頁）と定義し、「地震、火事、津波、原発事故、その後の避難生活など（中略）死者が、故郷を失った生命が、離散を余儀なくされたコミュニティが、なんの関係もない東京でのグローバル・イヴェントを開催する根拠とされて」（同上）いるとして、その欺瞞を厳しく追及していく。

イベントへの賛否の立ち位置は異なるが、どちらの論者も現在のオリンピックと万博がグローバル資本主義のお先棒を担ぐ巨大企業の市場と化し、新たな形での社会再編の口実となっている点に注目している。実際、冒頭で述べた筆者自身の思い出において、両イベントは国威発揚のメッセージを伝えるものというより、眩《まば》ゆい消費財で満ちた新自由主義的空間の先駆けとして顕現していた。これら二つのイベントは八〇年代にはすでに市場化、つまり「巨大企業が公共的な文化において支配的な影響を及ぼし」つつあった様相を呈し、ディズニーランド的なグローバル・ユニバースの夢を叶えるテーマパークに近い存在だったのである。

このような形で再生され、蘇ったオリンピックと万博の問題点を指摘し、その開催自体を問うことも重要であるが、本稿では特に「女性の参加」という点に照準を当てて考察してみたい。というのも、長い間女性たちは、これらの巨大メディア・イベントに参加することすらできなかったからである。

「排斥」から「参加」へ

オリンピックの発案者であるクーベルタン男爵は、フランス革命一〇〇周年を記念する一八八九年パリ万博の入場行進、国旗掲揚、国歌斉唱、開会宣言などフランスの政治家や軍人たちによって行われたパフォーマンスに着想を得て、それらをオリンピックのセレモニー部分や旗、シンボルといった意匠に転用したと言われている(マカルーン一九八八、二七八頁、田中二〇〇四、五七頁)。しかもクーベルタンが掲げたインターナショナリズムや普遍的なものの追求といったオリンピックの理念は、当時の白人社会による植民地主義やその思想的道具である人種差別主義への無関心を万博とも共有していた。

そんなクーベルタンと初期オリンピックが人種的な排除にもまして排斥してきたのが、女性アスリートたちである。クーベルタンが執筆した草稿を集めて一九八六年に刊行された*Textes Choisis*（『著作選集』）には、「男性の参加しているすべてのフィールド競技への女性の参加を禁止する」というような、スポーツの現場から女性たちを排斥しようとする言葉がいくつも掲載されている。また、同時代の医学や科学の論文では、運動がいかに女性の生殖能力へ有害な影響を与えるかという視点から書かれたものが大量に生産され、政治的・文化的な知だけでなく当時の科学的な知もまた性差別的なイデオロギーに満ちた視点によって構成されていたことがわかる。

二〇一九年に放映されたNHK大河ドラマ『いだてん』では、一九〇〇年代初頭のいくつかのオリンピックが忠実に再現されている。作中では、若い女性たちが学校体育やスポーツの現場から慎重に排除されていた歴史を極めてクリティカルな筆法で物語に織り込んでいる。スポーツに焦がれ、抑圧された身体所作からの解放を望む若い女性に対し、女性アスリートがオリンピックに参加できなかった当時の状況が繰り返し説明される一方、主人公の金栗《かなくり》四三《しそう》は、女性たちがスポーツの現場に参入できるよう協力する立場を取っていたことが語られる。

では、オリンピックへの女性たちの「参加」の歴史はどのようなものだったのだろうか。

女性スポーツ史研究の第一人者であるハーグリーブスは、「女性たちの様々な闘争、その失敗と成功」(Hargreaves 1994: 209)こそがオリンピックの歴史であると述べている(詳細は、田中二〇〇四を参照されたい)。限られた紙面ですべてを語ることはできないが、大きく分けると女性たちのオリンピック(とスポーツ)への参加は、二つの側面において徐々に達成されてきたと言えるだろう。一つ目は女性アスリートのオリンピック参加のプロセスであり、二つ目は女性アスリートのメディアにおける表象および顕現の拡大と変容である。

まさに『いだてん』前半の舞台となった一九一二年ストックホルム大会において、クーベルタンとＩＯＣは極めて少数ではあるが徐々に参加が増えつつあった女性アスリートたちの排斥を厳格化した。その後、一九二〇年代を通じてスポーツを愛好する女性アスリートたちはオリンピック参加と女性スポーツの振興を目指して様々な運動を繰り広げ、三四年のロンドンオリンピック以降、少しずつではあるが女性アスリートのオリンピック参加が認められ、増加し始める。とはいえ、一九六四年の東京オリンピックの時点でも、女性の参加率は一三・二パーセントにすぎなかった。

その後、第二波フェミニズムの成果を受けて徐々に女性たちがスポーツをする機会が増えていく。その象徴となったのが一九七二年にアメリカで可決された男女教育機会均等法(タイトルIX)である。これは、助成金や奨学金を国から獲得している学校教育の場での、性差別を含んだカリキュラムやプログラムの施行を禁じるものであり、特にスポーツの分野において女性への平等な参加が促されるようになった。

参加が進むにつれて、次に問題視されるようになったのが、メディアにおいて女性アスリートたちがどのように表象されたか、という点である。一九八〇年代の二つのオリンピックにおける女性アスリートの報道を分析した研究によれば、彼女たちはスポーツ選手であるにもかかわらず、その容姿や恋愛など「女であること」に特化した性差別的な視点から表象されることが多かったという（田中二〇一七、一三八頁）。しかし、それからおよそ一〇年後の一九九六年のオリンピックは「女性の年」と呼ばれ、女性アスリートたちの参加と活躍が常態化するにとどまらず、数多くの女性アスリートが広告に登場し、その報道も「女であること」を強調することなく、アスリートとしての正当な扱いを受けられるようになった。九六年以降現在に至るまで、女性スポーツこそがオリンピックの花形となりつつある。

そんな女性アスリートたちの扱われ方について、スポーツとポピュラー文化を第三波フェミニズムの視点から分析しているヘイウッドは、次のように批判する。

一九九〇年代以降、女性とスポーツの平等化が進む一方でグローバル経済の趨勢が強まり、すべてが商品と化し、資本の道具として吸い込まれつつある。このような文脈のもと、女性アスリートは社会変化のポジティブなメタファー、美と健康、成功の表象としてメディアのなかでもてはやされている。(Heywood 2006: 101)

女性たちが「参加する」という点での平等は、ほぼ達成されたと考えてよいだろう。先日、延期が決まった東京オリンピック二〇二〇では、混合種目の積極的な採用によって、全選手に占める女性の参加率は別枠扱いの追加五競技を除いて、ようやく四八・八パーセントになる見込みであるという(『毎日新聞』二〇一七年六月一〇日)。しかしヘイウッドが指摘するように、今日の女性アスリートはグローバル経済が支配する現代社会のもとで、成功の表象としてメディアのなかで輝くことを強いられている。彼女たちはある意味、安倍政権がアベノミクスの「成長戦略」の軸として二〇一四年一〇月に発表した「すべての女性が輝く社会づくり」によって「輝くこと」を強いられたすべての女性たちのロールモデルとして表象されているのである。

主体的に生き、夢や理想を叶え、独立と成功を達成することを積極的に求められる――つまりは「輝くこと」を強いられる現代の女性たちは、自分自身のイメージと見え方をつねに気にかけ、自己プロデュースのスキルを駆使して自分自身を生産し、アップデートし続けなければならない。オリンピックへの参加を目指す女性アスリートたちのように、現代社会を生きる女性たちは「新しい能力／実力主義の体現者」(McRobbie 2008: 58)として動員されているのである。

「参加」の先に

他方、ジェンダーの視点から見る万博は、現在どのようなものとなっているだろうか。二〇〇八年のオリンピック招致の失敗から放置されていた夢洲《ゆめしま》の再生を目的に、二〇一八年一一月にパリの博覧会国際事務局総会において大差をつけて決定されたのが、二〇二五年大阪万博である。しかし万博後の跡地にカジノを誘致しようとする動きがあることから、反対の声も多く上がっている(カジノ問題を考える大阪ネットワーク二〇一七)。

一九七〇年の万博から五五年、二〇二五年大阪万博のメインテーマは「いのち輝く未来社会のデザイン」、サブテーマは「多様で心身ともに健康な生き方／持続可能な社会・経済システム」となっている。公式サイトには、国連が目指すＳＤＧｓ(持続可能な開発目標)の達成を目指すことが高らかに謳われ、そのなかには「5. ジェンダー平等を実現しよう」と掲げられている。また、万博誘致に向けて若者が動員された『２０２５大阪万博誘致　若者１００の提言書』にも、「男女格差」「女性検討委員増加」「ＬＧＢＴ」(二二頁)の問題などが掲げられている。ここでも、女性やセクシュアル・マイノリティの参加が前面化され、参加の平等が謳われる。

しかし、提案された女性の参加の方法を見てみると、ジェンダーに関する企画として「生理体験シート」「陣痛シミュレーター」「妊娠体験スーツ」の三つを万博に設置することが提起されているのである。この発想は、女性たちの経験を「妊娠」と「出産」の極のみに押し込めようとするものであり、また個々の女性たちの「妊娠」と「出産」の経験の多様性を一元化しようとするものである。こうした企画はまさしく「女性は産む機械」などと述べた自民党の高齢男性議員の発想力と同一平面にあるものだ。

女性の役割を妊娠・出産という非常に本質化された女性性の一部の領域に押し込め、それをもって女性の経験に集約しようとするこのような企画が、「多様性に感動する万博」という項目の一つとして「若者」によって提言されている。これはあくまでも『提言書』のなかで提起されているにすぎないため、実際にそのような企画が二五年の万博で実現されるかどうかはわからない。しかし女性の多様性をむしろ抑圧しようとするような参加のための提言を見ると、「参加すること」の意義を改めて問い直す必要があると考えられる。

同様に、ジェンダーの視点から現在のオリンピックを考察するときに、参加の数だけでは解決不能な大きな問題がまだある。ＩＯＣは女性たちの参加を促し、混合種目を増やす一方で、種目によっては男女の区分を厳格に分けることに躍起になっている。男女の性別二分法を、ホルモンの違いを根拠に厳格に区分しようとする現在のオリンピックのありようは、性別の二元化を再強化する強力な装置ともなっている。

ある程度の平等な参加は達成された。では、その先には何があるのか。すでに開催が決定され、着々と準備が進められるイベントを目の前に、私たちが考えるべき課題は山積している。

参考文献

Hargreaves, J. (1994) *Sporting Females: Critical Issues in the History and Sociology of Women's Sports*, Routledge.

Heywood, L. (2006) "Producing Girls: Empire, Sport, and the Neoliberal Body," in J. Hargreaves, & P. Vertinsky (eds.) *Physical Culture, Power, and the Body*, Routledge, pp.101-120

McRobbie, A. (2008) *The Aftermath of Feminism: Gender, Culture and Social Change*, Sage.

小笠原博毅、山本敦久編『反東京オリンピック宣言』航思社、二〇一六年

カジノ問題を考える大阪ネットワーク編『これでもやるの？ 大阪カジノ万博——賭博はいらない！ 夢洲はあぶない！』日本機関紙出版センター、二〇一七年

田中東子「オリンピック男爵とアスレティック・ガールズの近代」清水諭編『オリンピック・スタディーズ——複数の経験・複数の政治』せりか書房、二〇〇四年、五四—七〇頁

田中東子「第三波フェミニズム、スポーツと女性、身体表象」田中東子・山本敦久・安藤丈将編『出来事から学ぶカルチュラル・スタディーズ』ナカニシヤ出版、二〇一七年、一三五—一五一頁

マカルーン、ジョン・J『オリンピックと近代——評伝クーベルタン』柴田元幸・菅原克也訳、平凡社、一九八八年

吉見俊哉『博覧会の政治学——まなざしの近代』講談社、二〇一〇＝一九九二年

吉見俊哉『万博幻想——戦後政治の呪縛』筑摩書房、二〇〇五年

２０２５大阪万博誘致若者１００の提言書編集委員会編『２０２５大阪万博誘致　若者１００の提言書』二〇〇六年〈https://www.aed.omron.co.jp/wecan/event/201702/item/teigen.pdf〉〔二〇一九年六月一日アクセス〕

ひとを線引きする

パラリンピックの
歴史的変遷から

SAKAI Megumi
坂井めぐみ

はじめに

「パラスポーツを通じて障害者にとってインクルーシブな社会を創出する」。

これは、二〇一四年に国際パラリンピック委員会が掲げた究極の目標（Aspiration）である。[1]

また、パラリンピックの現シンボルマーク（二〇〇四年〜）は「スリーアギトス」と呼ばれ「私は動く」を意味する。動くことに困難がある障害者によるスポーツを通じてインクルーシブな社会をめざすとはどういうことなのか。

オリンピックは、いまや国際的なスペクタクルとなり、政治的な思惑と利権が渦巻くメガイベントとして拡張を続けている。商業主義や官僚主義、ドーピングやエンブレムの問題、都市再開発によるジェントリフィケーションなどオリンピック批判は枚挙に暇がない。近年はパラリンピックも商業主義化し、エリート性が重視されるようになった。「オリンピック化」が加速していると言え、パラリンピックもオリンピック同様の批判に晒されよう。オリンピック批判の論陣を張る小笠原博毅は、恵まれない競技環境で奮闘するパラアスリートに対して障害者差別になるかと自問しつつも両者ともに「原則的に残酷な見世物なのだ」と断ずる（小笠原博毅・山本敦久編『反東京オリンピック宣言』航思社、二〇一六年）。

これまでパラリンピックには「感動ポルノ」という概念を用いた批判もされてきた。[2] 社会学者の井上俊は、理想化されたスポーツは競争と連帯のような両立しがたい価値を両立させることで「ともに実現させうる一種のユートピアとなり、したがってまた人生や社会のモデルあるいはメタファーともなり、さまざまの教訓を人びとに伝える一種の『道徳劇』ともなった」と述べる（井上俊『スポーツと芸術の社会学』世界思想社、二〇〇〇年）。道徳的な意味を帯びた物語性は近代スポーツそのものが取り込んできた価値だと言える。だがパラリンピックでは競技者の「物語」がオリンピック以上に構築される。障害を「克服」してスポーツに挑む物語は、道徳と親和性が高い。これを踏まえ本稿は、パラリンピック批判のひとつの道筋を提示するために、関係者や組織が重視する価値観に注目して歴史的に検討し、パラリンピックに内在する問題点を浮き上がらせることで冒頭の目標と現実の間にある齟齬を指摘したい。

パラリンピックの父、グットマン方式、その批判

脊髄損傷者を表す「パラプレジア」のパラと「オリンピック」を合わせた「パラリンピック」の名称は、一九六四年の東京大会を機に付けられ八五年に正式名称になった。その源流は、

戦争による脊髄損傷者に対してイギリスのグットマンがリハビリとして導入したスポーツの競技会である。

イギリス政府は、ノルマンディー上陸作戦で脳や脊髄を損傷する者が多発すると推測して四四年に建設したストーク・マンデビル病院内に脊髄損傷センターを開設し、センター長にグットマンを任命した。当時、脊髄損傷者は褥瘡《じょくそう》や尿路感染が原因で二年以内に亡くなると言われていた。グットマンは褥瘡発生と尿路感染の予防を徹底した。医師だけでなく医療スタッフを含めたチームで回診し、リハビリ・スポーツを導入して脊髄損傷者の死亡率を大幅に下げた。四八年にはロンドンオリンピックと同日に、病院内でアーチェリー競技会を開き、脊髄を損傷した退役軍人一六名が参加した。これは五二年から国際大会となった。グットマン方式の成果は耳目を集め、彼のもとに世界中から多くの医師が訪れた。その中に、東京パラリンピック開催を導いた中村裕《ゆたか》がいた。中村は、グットマン方式によって脊髄損傷者の八五パーセントが半年で就職する事実に衝撃を受けた。中村はグットマンの要請を受け、帰国後、国際大会の東京開催をめざして尽力し、六四年大会に至った。ここで世界で初めて「パラリンピック」という名称が用いられたのである。

グットマンは「パラリンピックの父」と呼ばれ、世に名高い。しかし彼の指導や振る舞いは、患者たちにとっては必ずしも評判のよいものではなかった。グッドマンの元患者にマイケル・オリバーがいる。オリバーは、六〇年代初頭に脊髄損傷を負ってストーク・マンデビル病院に入院し、のちにイギリス障害学を創始し障害学の教授に就任した人物でもある。オリバーは「グットマンが脊髄損傷の患者にもたらした療法のおかげで、おそらく僕はこうして今日生きている」と前置きしたうえで、彼は「病院を独裁者のように運営した」「そこでの経験は愉快だったとは言えないと思っている人もいる」「四肢麻痺の患者たちはタイプができなくてはいけないという考えに取り憑かれていた」と語る。大学講師になったオリバーが死の直前のグットマンを訪ねた際、タイプのスピードは早くなったかと問われ「何も変わってないと思った」という(ジョナサン・コール『スティル・ライヴズ――脊髄損傷と共に生きる人々の物語』河野哲也・松葉祥一監訳、法政大学出版局、二〇一三年)。グットマンは生涯、脊髄損傷者は健常な部分を鍛えて活用すること、すなわちタイプを習得して労働市場に復帰して社会の役に立つことがよいとする考えに拘泥していた。言うまでもなく、重度脊髄損傷者にはそれができない。とりわけ「障害の社会モデル」を提唱したオリバーは、当然、グットマンの能力／非能力主義からはこぼれ落ちる存在を見据えていただろう。

一九六〇年代の日本の障害者、一九六四年の東京パラリンピック

六四年大会には二二ヵ国から三七八名の選手が出場し、そのうち五三名が日本人選手だった。メディアは、職業を持ち自立して「明るい」外国人選手の活躍に対し、大半が療養所や病院に入院中の身だった日本人選手を「暗い」とみなした。日本人選手のパラリンピックでの不振は障害者政策の遅れと結びつけられ、障害者雇用を促す方策につながっていく。そのひとつに、大会招致に尽力した中村が構想して設立した障害者の就労を担う「太陽の家」がある。中村はグットマンの意思を充分に引き継ぎ実践へと結実させたと言える。拙著では、医療と就労の関係から六四年大会の隘路について論じたが、[★3]ここではもう少し広い視野で捉えてみたい。ここで焦点を当てるのは「太陽の家」設立を後押しした作家・水上勉《みずかみつとむ》である。二分脊椎症の娘を持つ水上は、六〇年代に身体障害者に関して発言、討論しており、その言論が注目された。

六〇年代、医学領域では新生児研究ブームの到来とともに「先天異常」が予防・治療の対象になった。また六一年に国民皆保険が達成されて以来、医薬品使用量の増加に伴い医薬品生

産は急速に伸びた。この時期に起きたのがサリドマイド薬害事件である。世界四六ヵ国で販売されたサリドマイド剤は、妊娠初期に服用すると障害児が生まれることがあると判明し、日本でも「奇形児騒ぎ」が社会問題化した（『読売新聞』一九六二年九月九日）。ベルギーでは六二年に障害児を出産した母親、その家族、医師が嬰児を殺した事件で無罪判決が下され論争が巻き起こる。

これを受け、『婦人公論』で「誌上裁判 奇形児は殺されるべきか」と題した討論が行われた。討論者のひとりに水上がいた。水上は、障害児は殺されてもよいとする主張を展開した。「社会にプラスすることができる」者は「生きる権利がある」が、「それさえでき得ないと判断された場合には、人の範疇に入らないのではないか」とし、国が障害児の生死を決定すべきだという。水上は社会の役に立つ／立たないで障害者を明確に線引きした。しかもその線引きを行う主体を国だと位置づけた。また、中村と交流があった水上は、中村の影響を受け、障害者の「座敷牢」への押し込みがあった当時の状況を鑑み、収容施設が必要だと考えた。水上は障害児の父という立場から、障害児をめぐる窮状を総理に訴えた文章を発表した。これに対し、当時の池田勇人総理大臣の代理である黒金泰美が重障児問題の解決に努力すると応答し話題になった。この応酬は身体障害児の施設拡充の契機になったと言われている。

水上の自伝的小説にはこんな場面がある。障害のある娘をオリンピックまでに歩行させたいと語る妻に対し、夫は「まちがってやしないか。パラリンピックっていうのがあるぜ。新聞でみたんだ。そいつをおんぶしてみにゆくのが関の山だよ」と言い放つ（水上勉『くるま椅子の歌』中央公論社、一九六七年）。ここから、水上は車椅子使用者が出場するパラリンピックを受け入れがたかったことが推測できる。水上のその後の動向が、それを如実に物語る。六四年大会後、水上は娘・直子を中村が勤める別府整肢園に入園させた。中村は、直子は手術をすれば補装具を使って歩けるようになると提言した。そんな中村を水上は崇拝する。その後、中村は自分の構想を水上に打ち明ける。単に障害者を保護する施設ではなく「自活するための施設」がつくりたいと熱意を持って伝えた。中村はこの時のことを、「私の主張をだまって聞いていた水上さんは、顔を紅潮させて大きくうなずいてくれた」「『私にできることは……全面的に』という水上さんのことばだけが支えであった」と回顧した（中村裕『太陽の仲間たちよ』講談社、一九七五年）。事実、水上は協力を惜しまず、「太陽の家」と命名し、資金援助を行い理事のひとりになった。社会の役に立てない障害児を殺すことを肯定する水上は、社会の役に立つ、働く障害者を支援した。

六〇年代前半は、ポリオの流行や障害児の安楽死の議論があり、立岩真也が当時の日本には障害児を「殺すべしという言論が正々堂々とあった」と述べるように（立岩真也・杉田俊介『相模原障害者殺傷事件――優生思想とヘイトクライム』青土社、二〇一七年）、障害者殺しを肯定するムードがあった。

パラリンピックから「太陽の家」への連続性にみられるように働く障害者（のみ）が肯定される背後には、こうした、社会の役に立てない＝働くことができないとみなされた障害児は殺されてもよいとする社会的な了解があったことをおさえておくべきである。パラリンピック後の六六年には、兵庫県が主導した「不幸な子どもの生まれない運動」が始まり全国へ波及していった。七〇年には障害児を殺した母親への減刑嘆願運動が起こった。[★4] 水上の言論は、この当時「特殊」なものではなかったのである。

もうひとつのオリンピック、厳格化するクラス分け、“I'm POSSIBLE”

六四年大会では、外国人選手が日本人選手をサポートしたり励ます光景がみられ、「ほのぼの」していたと形容される。[★5] しかしそれ以降パラリンピックはオリンピックに接近し、近年はより卓越性を追求したメガイベントになった。これは同時に、パラリンピックがその内部に矛盾を抱えていく過程でもあった。

八五年に国際オリンピック委員会（ＩＯＣ）は、障害者の国際大会を「オリンピック」と呼ぶことを禁止し、「パラリンピック」を正式名称とした。同時にＩＯＣは、脊髄損傷者をあらわすパラプレジアでは限定的で障害者の大会に馴染まないと考え、オリンピックと並行して実施するという意味でPara（沿う、並行）と再解釈すると決めた。パラリンピックは「もうひとつのオリンピック」になった。

八九年に創設された国際パラリンピック委員会（ＩＰＣ）は、リハビリの域を脱した障害者エリートスポーツを促進させた。ＩＰＣは競技性を高めるべく、九二年に、医学的根拠によるクラス分けから能力別のクラス分けに変更した。二〇〇〇年のシドニーパラリンピックでは、パラリンピックにオリンピックの規則を適用することが決まり、二〇〇三年にはマーケティングにおける協力関係も構築された。二〇〇七年にはＩＰＣクラス分け規定と国際基準が発表され、各競技特有の身体運動に対するパフォーマンスの遂行程度に基づくクラス分けが採用された。ＩＰＣのクラス分けの厳格化が進む。これは何を意味するのか。岡崎勝は、次のように指摘する。

> スポーツの区分と分類は参加者の公平性を高めるためという表向きの理由とは裏腹に、

区分を超えて一緒にプレイできない、分類を無視して一緒にプレイできないという壁を個々人に作る。（略）とめどない微細なケア、微調整されたマシン、コントロールに必要な薬、競技を運営する調整者が求められ、それらの市場と資本を必要とするから、経済効果を強く期待させるし、それなくしてエリートスポーツは成立しなくなり、そこに従属する危険性も大きい。障害を微細に差異化したスポーツは人間個々の分断を前提とする。

（岡崎勝「オリンピックとパラリンピックを根本から問い直す――スポーツの現実を直視しても、感動しなければいけませんか？」『福祉労働』一六一、二〇一九年、五四―六一頁）

パラリンピックの公平性担保の名のもとに行われる障害の微細な差異化は、障害者を分断する。指宿立《いぶすきたつる》らは「クラス分けは競技するグループのみを決定するものでなく、『だれが競技者となりえるか』を判断する」と述べる（指宿立・三井利仁・池部純政・田島文博「パラリンピックスポーツにおけるクラス分けの動向」『日本義肢装具学会誌』三二（四）、二〇一六年、二二〇―二二五頁）。換言すれば、クラス分けは「だれが競技者になりえないのか」という判断を下すのである。

二〇一四年ソチパラリンピック閉会式では、車椅子使用のパラアスリートが一五メートルのロープを腕の力だけでよじ登り、スタジアムに降りてきた"IMPOSSIBLE"のIとMの間にアポストロフィーを入れて“I'M POSSIBLE”にする演出があった。演出は反響を呼び、「不可能だと思えたことも、少し考えて工夫さえすれば何でもできるようになる」とのメッセージを込め、小中高生向けの学習教材“I'm POSSIBLE”が開発された。これはIPCにより公認され、二〇二〇年大会に向けて二〇一七年から教育現場で使用されている。「できる」ことが至上価値になっているが、障害は往々にして「できない」ことを含意する。一部のエリートであるパラアスリートの存在は一般化しえないにもかかわらず、このようにパラリンピックが教育や啓蒙に使われたり、いまだにパラアスリートとリハビリや社会復帰が関連づけて語られたりしている。これでは、パラアスリートではない大多数の障害者をパラアスリートと同一視し、前者に努力を強いる言説が再生産されるのは当然である。このような言説は、かれらを無力化して抑圧する。

さらに、社会や環境の変化があってもなお残るのがインペアメント（身体の形態・機能障害）である。忘れてはならないのは、パラアスリートだからといって個人の努力でインペアメントを失くせるわけではないということである。脊髄損傷のパラアスリートであれば発汗による体温調節ができない。褥瘡発生のリスクは、むしろスポーツによって高まる。リハビリしても獲得できない動作がある。工夫してできるようになることと同じ度合いで、「できない」ことを積極的に認めていかないと、それは暴力になる。

おわりに

最後に強調しておきたいのは、グットマン、中村を筆頭にパラリンピックに関わったひとたちは、障害者に対して熱意と善意を持って真摯に取り組み、社会的にも高く評価されたことである。もちろん、グットマンの意思を引き継いだ中村の実践は、就労の意思と能力があるにもかかわらず労働市場から排除されていた身体障害者に就労への道を徐々に拓いた。その一方で、本稿は、かれらの熱意と善意が何を捨象してきたのかを抉り出した。

グットマン、中村、水上はともに障害者を働ける／働けないで振り分け、「働く障害者」を支持した。繰り返しになるが、中村、水上の思想を下支えしたのは六〇年代日本の、働くことができないとみなされた障害児殺しの肯定である。そうして、「できる」ことに重きを置く傾向は年々強化されていく。他方、IOCは、オリンピックを名乗ることを禁止してパラリンピックを正式名称として認めた。また、スポンサーへの配慮が理由とされるが、パラリンピックがオリンピックと類似したシンボルマークを使用することを認めなかった。IOCは、「障害者」の大会と「健常者」の大会には明確な線引きをしているのである。このようにパラリンピック・オリンピックには「ひとを線引きする思想」が埋め込まれている。この思想とパラリンピックがめざす「インクルーシブな社会の創出」は交わるものではない。つまり、社会に役立つか否かでひとを評価して線引きすることは、「生きること」の豊潤な広がりや可能性を矮小化することでありインクルーシブな社会への方向とは対極にある。パラリンピックのオリンピック化はますます顕著である。IPC会長は、IPC発展のためにIOCとの「関係強化を図ることが極めて重要」だと表明した。★6 両組織の協力関係は二〇三二年までの延長が決まっている。パラリンピックは今後も「もうひとつのオリンピック」であり続け、平行線をたどったままになるのだろうか。

註

★1―このあとにビジョン「パラアスリートが、スポーツにおける卓越した能力を発揮し、世界に刺激を与え興奮させることができるようにすること」が続く。

★2―福祉労働編集委員会編『福祉労働』一六一号、二〇一九年、「特集『感動ポルノ』――障害者は健常者に感動を与える存在か」を参照。

★3―坂井めぐみ『「患者」の生成と変容――日本における脊髄損傷医療の歴史的研究』晃洋書房、二〇一九年

★4―これを痛烈に批判したのが脳性麻痺者による「青い芝の会」である。かれらは運動を展開し社会の障害者差別と闘った。

★5―小倉和夫「一九六四東京パラリンピックが残したもの」『日本財団パラリンピック研究会紀要』一、二〇一五年、五―四三頁

★6―国際パラリンピック委員会『二〇一五～二〇一八年 国際パラリンピック委員会の戦略的展望』国際パラリンピック委員会、二〇一五年

参考文献

石川達三・戸川エマ・小林提樹・水上勉・仁木悦子「誌上裁判 奇形児は殺されるべきか」『婦人公論』四八(二)、一九六三年、一二四―一三一頁

水上勉「拝啓池田総理大臣殿」『中央公論』七八(六)、一九六三年、一二四―一三七頁

黒金泰美「拝復水上勉様：総理にかわり、『拝啓池田総理大臣殿』に答える」『中央公論』七八(七)、一九六三年、八四―九七頁

Guttmann, L. (1973) *Spinal Cord Injuries: Comprehensive Management and Research*. Oxford: Blackwell Scientific Publications.

オリンピックと植民地主義

Decolonize This!

ITANI Satoko
井谷聡子

アメリカ合衆国最北の地、アラスカ州の形をよく見てみると、その南東部だけ海岸に沿ってカナダ側に細長く伸びているのがわかる。植民地主義時代に引かれた国境によくあるように、アメリカとカナダの国境も両国の州境もほとんどの部分が直線的だが、このアラスカ州とユーコン準州を隔てる国境の南端部分は例外だ。この触手を伸ばしたような形の国境線は、一六世紀に本格的に開始された「新大陸」アメリカへの入植最後の「フロンティア」が消滅したことを象徴する出来事の副産物である。氷河によって切り出された複雑なフィヨルドの海岸線が続くその地域は、古くから先住民のトゥリンギットの人々が暮らしてきた領域で、一九世紀の終わりまでは、時折貿易商がやってくる以外は入植者との大きな関わりはなく、小さな村で伝統的な暮らしが営まれていた。

その遥か奥地のクロンダイクで巨大な金鉱が発見されたという知らせが伝わり、その地が殺到した探鉱者たちに踏み荒らされることになったのは、一八九七年の秋から一八九八年にかけての頃だった。厳冬期にもかかわらず、北米中から数万の探鉱者が押し寄せ、翌年の夏までに突如として賑やかな港町が生まれた。今日のスキャグウェイやジュノーのエリアは、クロンダイク・ゴールドフィールドに最短距離でアクセスできる重要な海岸線としてアメリカとカナダが領有権を争い、一九〇三年にコースト山脈の尾根に沿って国境が走る現在の形に落ち着いた。

今もゴールドラッシュ当時の面影を残すスキャグウェイの街から海岸沿いに北西に少し進むと、今は朽ちた桟橋だけが残るダイーという町（だった場所）がある。その奥の森に、かつて一攫千金を夢見て凍てつく極北の山脈に挑み、その地で息絶えた人々が眠るスライド墓地がある。朽ちかけた墓標の多くには「一八九八年」の文字が読み取れる。そこから大陸の西海岸に沿って走るコースト山脈を二〇〇〇キロほど南に辿ると、ワシントン州シアトル市の西、オリンピック山脈に行き着く。その最高峰オリンポス山は、一八世紀のイギリスの探検隊がその勇壮な白い頂をギリシャのオリンポス山に例えてそう呼んだことに由来する。古くから先住民が「サナド（Sunh-a-do）」と呼んでいたこの山の山域を一九〇九年に「オリンポス山ナショナル・モニュメント」に指定したのは、近代オリンピックの創始者であるクーベルタン男爵と親しく、一九〇四年のセントルイス・オリンピックの招致にも尽力したセオドア・ルーズベルト大統領であった。

コースト山系を再び極北の地まで辿ると、北米最高峰、マッキンリー（デナリ）山がある。日本では植村直己が消息を絶った山として山岳史に記憶されるこの山は、その地の先住民であるコユコンの人々が「高い、偉大なもの」という意味の「デナリ」と呼び習わしていたが、ルーズベルトを副大統領候補として選挙戦を戦った第二五代大統領ウィリアム・マッキンリーにちなんで、一八九六年に金炭鉱者によってマッキンリー山と名付けられた。その後、一部の議員から激しい抵抗を受けながらも、二〇一五年にマッキンリー山は再び「デナリ」へと改称された。

柔軟な記号

ヨーロッパからの入植者が一攫千金を求めて西部に残された先住民のテリトリーを侵略し、聖なる山々をヨーロッパ名に塗り替え、北米大陸最後の「フロンティア」が消滅した一九世紀末期から狂騒の二〇年代にかけての時代、アメリカはいよいよ太平洋沿岸地域へとその覇権を広げ始めていた。またその大西洋側では膨張した帝国同士が衝突し、第一次世界大戦へと突き進んだ時代でもあった。この時代に生み出された近代オリンピックは、欧州の帝国同士の衝突とフランスの敗退に心を痛め、アメリカやイギリスを旅して見聞を広げたクーベルタンが国際的な「平和と友好」の実現を目指して作り上げたものとして宣伝される。しかし、鍛え上げられた「ギリシャ彫刻のような」男の身体を通じて「普遍的」な価値としてのオリンピズムを広めることをミッションとしたオリンピックは、その発想から実践まで西欧中心主義的で植民地主義的である。

イギリスのパブリックスクールにおけるスポーツ教育を大英帝国繁栄の鍵とみなしたクー

ベルタン男爵が、イギリスではなくギリシャにシンボルを求めたことには、欧州における国民国家の成立過程ではギリシャ芸術にそのアイデンティティの拠り所が見出されたという時代背景が大きく影響している。クーベルタンもまた、古代ギリシャ彫刻を彷彿とさせる鍛え上げられたアスリートの身体美と強さに、世界の模範としてのヨーロッパ文明の優越性と永続性を見出したのである。祖国フランスの復活と、スポーツを通じた世界の文明化を夢描いたクーベルタンは、オリンピックを世界各地に届けられるべき福音《ゴスペル》とみなし、まさに宣教師や遠征隊のようにオリンピックが世界各地を巡りながら開催されることにこだわった（Boykoff 2016）。すなわち、近代オリンピックは、古代ギリシャ文明につながる（と想像された）「優等」な西洋世界（白人）が「劣等」な非西洋世界（非白人）に文明をもたらすことは「自明の運命（manifest destiny）」であるとして植民地支配を正当化し、拡大していった帝国時代の西欧中心的主義的、白人至上主義的世界観の具現だったのである。一九三六年にヒトラーがナチスのプロパガンダとしてベルリン大会を大成功させたのも、ホロコーストに至るナチス拡大の道を開いたその大会で生み出された聖火リレーが今日まで続いているのも、単なる偶然ではない。クーベルタンも含め、IOCの歴代会長の多くがファシスト政権とその美学に親和的であったのもまた偶然ではない。スポーツで鍛え上げられた身体のイメージは、すでに「男らしさ」と「リスペクタビリティ」の記号としてヨーロッパで当時（そして今も）広く機能していた。万国博覧会が帝国拡大による新たな領土と植民地化された人々の「見本市」として機能したように、世界中の選手を集め単一のルールで競わせる場は、自民族の優等性とそこへの帰属を象徴的に示す場としてあまりにもふさわしかった。

一九世紀の終わりから現在まで、オリンピックは資本主義の拡大から後期資本主義社会へ、植民地主義から〈新〉植民地主義へという世界的な巨大な変化のうねりの中で、幾度となく存続の危機を経験しながらも巧みに時代に適応し存続してきた。資本主義の発達と搾取の手が国内外の「植民地」へ伸びていく不安定な時代に、オリンピックは民衆に自己同一化可能なナショナルなシンボルという「永遠の一片」（モッセ一九九六／一九九八）を与えた。そして競い合う身体の巨大スペクタクルとして、ナショナルとインターナショナル、古代とモダン、代理戦争と平和という複合的で矛盾する意味を柔軟に用いながら、時の権力者と資本の思惑に供してきた。

動き回る（Roving）

動き回りながら世界を植民地化する“Roving colonization”の一形態としてオリンピックを批判したのはヘザー・サイクスだ（Sykes 2017）。サイクスは、二年ごとに世界を移動し、「タッチダウン」した都市に巨大な建設プロジェクトを要求して貧しい人々を強制的に立ち退かせ、その土地の開発と再開発から巨大な利益を生むオリンピックは平和と友好をもたらすスポーツ大会などではなく、現在進行形の植民地化であり、皇族と経済界のエリートで構成される国際オリンピック委員会（IOC）は植民者であると喝破する。

サイクスの理論を念頭に置きながら世界最高峰のスポーツ大会を眺めてみると、IOCの本部がヨーロッパのど真ん中スイスのローザンヌに置かれ、巨大な利益を上げながらも税金の支払いを逃れ、財務監査を課されることなく、男女の平等な扱いを定める開催国の法律すら巧みにかわして[★1]世界中を動き続けている様子は、多国籍企業やグローバルエリートのネットワークとして立ち現れる新しい帝国・〈新〉植民地主義時代の権力・搾取関係とその振る舞いに重なる。

植民地主義は、かつて帝国の中心に位置する宗主国が領土を世界に広げていく、同心円に広がるイメージであった。しかし、グローバル化が進み新自由主義イデオロギーの浸透した高度資本主義社会では、西川長夫が『〈新〉植民地主義論』で植民地主義と植民地の関係性を問い直そうとしたように、権力と搾取の関係性が脱中心的、脱領土的に進む。西川は、グローバリゼーションが進んだ世界における植民地主義の形態について次のように分析した。

植民地主義は「文明化の使命」という口実のもとにすすめられた。「文明化」は植民地主義のイデオロギーである。(中略)新しい植民地主義は、特定の領土を限定して政治的軍事的に統治する必要はない。(中略)情報が一瞬にして世界の隅々にまで達し労働力の移動が日常的となったいま、植民地は世界の至る所に、旧宗主国や派遣国の内部においても形成されうるからである。新しい植民地の境界を示しているのは、もはや領土や国境ではなく、政治的経済的な構造の中での位置である。(西川二〇〇六、二七頁)

しかし、オリンピックが引き起こす数々の社会問題を注視すると、現在進行形の〈新〉植民地主義時代は「脱領土的」であっても、土地そのものが資本の集積と搾取の基盤であることには変化がないことが分かる。

この点について、オリンピックの批判的研究で知られるジュールズ・ボイコフが「祝賀資本主義」としてあげた特徴を見ながら考えてみたい。ボイコフは、著書の中でその六つの特徴をあげている。例外状態の利用、マスコミと一体となった政治経済的スペクタクルの創出、世論支持獲得のための実現されないレガシーと経済効果の宣伝、テロ対策を名目とした社会の軍事化と監視の強化、聞こえは良いが実態のない持続可能性の主張、そしてリスクと利益が偏った公と民のパートナーシップである(Boykoff 2013)。

これらの特徴を念頭において最近のオリンピック開催都市で起こった出来事を見ていくと、偽りの約束と賄賂によってオリンピック招致に成功した後は、国の威信がかかった世界最大のスポーツ・イベントを成功させねばならないという「例外状態」とマスコミを総動員したスペクタクルという目くらましの裏で、重大な社会的変化や環境破壊が進められるという共通点が浮かび上がる。民主主義国家では通常許されない方法とスピードによって、公園や公営住宅、国有林といった公共の土地が破格の値段で民間業者に売られることで、格差を広げながら利益が生み出される。オリンピックを熱烈に信奉する態度にせよ、「どうせやるなら主義」（小笠原・山本二〇一九）の態度にせよ、反対したら「非国民」と呼ばれるという消極的態度にせよ、国全体に大きな影響を及ぼす巨大プロジェクトであるにもかかわらず、オリンピック開催が決まったら後戻りできない、反対できないというムードが醸成され、人々がオリンピック批判に及び腰になることも共通である。この状況ではありとあらゆる不正義、権力乱用、巨額の予算超過、人権侵害、環境破壊が見て見ぬふりをされる。権力者が巨額の賄賂を払ってオリンピック招致合戦を繰り広げ、オリンピックが動き続ける（roving）インセンティブがそこにある。

軍事化と監視社会

祝賀資本主義としてのオリンピックの第四の要素としてボイコフが指摘する安全保障産業の拡大と警察権力の強化は、サイクスも指摘する社会の軍事化との関係性の中で考えられる必要がある。メキシコシティ・オリンピックにおけるテロ事件を契機として、オリンピック開催国はテロ対策に多額の費用をつぎ込むようになり、最近の大会では数千億円もの金が膨大な数の監視カメラの設置、万単位の警備要員の動員、軍隊並みの武器の購入などに注ぎ込まれている。ロンドンのアパートの屋上に設置されたミサイルやリオデジャネイロのスラム街に侵攻する戦車の映像は衝撃的かつ象徴的であるが、これらの強力な「防衛」によって守られているのが誰なのか、その砲口が誰に向けられているのかを注視することで、〈新〉植民地主義時代のオリンピックのあり方がよりよく見えてくる。

一般に警察は国内の法執行による治安維持を担い、市民の安全と権利を守る存在として位置づけられる。市民はその権利を法律で守られた存在であり、警察は「必要最低限」の暴力を用いてその任務に当たることが期待されてきた。逆に軍隊は、武力で国家の権益を守ることが任務であり、その暴力は海外の国家主権をもった交戦相手に対して行使される。だが、植民地主義の脱領土的変化に伴うグローバル化は、国の「内と外」の境界を曖昧にする。西川（二〇〇六）は「境界がなく、したがって外部のない世界の戦争はすべて内戦であるか、戦争はすべて警察的な行動をとる。したがって戦争とテロの区別も消滅するだろう」（二四八頁）と述べる。

対テロ戦争を名目として強化されるオリンピック開催都市の警察がピカピカの軍隊並みの武器や装備を身につけて、オリンピックに反対する人々や国家権力に都合の悪い者を監視し弾圧する様子は、開催国共通の姿になりつつある。パレスチナに対しアパルトヘイト政策を続け、そこでパレスチナ人を相手にテストされた武器や監視システムが、東京２０２０の警備を担う会社や政府関係者に向けて売りこまれたのは、二〇一八年八月末に川崎市の公共施設であるとどろきアリーナで催されたイスラエルの武器見本市、ISDEF Japanでのことである。そのポスターには、不気味に曇った東京の上空に五輪のシンボルと監視ドローンが浮かび、下にはブルーインパルスと思しき五機の飛行物体が紅白の煙幕を張っている。その煙幕の手前、ポスターの中央部に描かれた大きな日の丸を背景として黒いスーツに身を包み、サングラスをかけた二人の白人男性のセキュリティ・エージェントが緊張した面持ちで情報交換を行っている。この強烈な印象を残すポスターは、戦争と監視、ナショナリズムと植民地主義、そしてオリンピックの関係性を象徴的に描き出している。

終わりに

嫌がる高齢の住民を強制的に排除し取り壊しを行った都営霞ヶ丘アパートの敷地には、その後、オリンピックのために急を要する施設が建てられることはなく、新国立競技場建設用の資材置き場となった。大会後は公園となる予定だ。そしてアパートの隣にあった公園には、巨大な日本体育協会・日本オリンピック委員会の超高層新会館が建てられた。つまり、この新会館建設で失われた公園のスペースを確保するためにアパートは取り壊されたのである。景観保護として設けられていた明治神宮外苑地区の高さ制限もオリンピックのために取り払われた。このエリアの建設計画図には、霞ヶ丘アパートの名は一切なく、ただ「公園予定地」とだけ記されている。オリンピックに伴う都心最後の一等地と呼ばれたこの地域の再開発計画によって、二回の東京オリンピックに翻弄されながらもその地に暮らしてきた人々の営みも、培ってきたコミュニティのつながりも、その人々が暮らした団地の名前すらも地図上から消し去られた。巨大な国家事業と争う権力を持たない人々を、強制的に消し去っても構わない「使い捨ての(disposable)」存在とみなす「入植者」たちは、自身をその地の正当な所有者として振る舞い、その地がもたらす富を貪る。霞ヶ丘アパートの住民たちが去ったその地は、「ジャパン・スポーツ・オリンピック・スクエア」と名付けられ、新国立競技場を望む場所にオリンピックモニュメントとその植民地主義的ビジョンの父、クーベルタンの銅像が建立された。まるで金鉱を発見した探鉱者がその地に杭を打ち込んで所有権を主張するように。

IOCとそのミニオンたちは世界を動き回り、タッチダウンする先々にコロニーを形成していく。一世紀以上に渡り、IOCはその植民地性を為政者に売り込む一方で、世界の人々に対しては「平和と友好と卓越」のブランドとスペクタクルによってその暴力性と搾取に目隠しをしてきた。だが、反植民地主義・反五輪の戦いの狼煙はすでに上がっている。

二〇一九年七月には、東京2020開幕一年前のタイミングを狙って史上初の国際反五輪会議が開かれた。一週間に渡って開催された「国際おことわりコンベンション(IOC)」では、過去や未来の開催都市に暮らす活動家や研究者らが、オリンピックがどのような社会問題や環境破壊を引き起こしてきたのかを報告し、抵抗のストラテジーを共有し、共に戦っていく決意と友情を育んだ。オリンピックイヤー2020はパンデミックと共にスタートした。コロナ禍で資本主義の暴力性がむき出しになり、オリンピックのリスクとコストが、不平等性と持続不可能性が白日の下に晒された。延期ではなく「#中止だ中止!」を、中止ではなく恒久的な廃止を、パンとサーカスの政治ではなく、人々の命と暮らしを守る政治を求める声は日増しに高まっている。

註

★1――二〇一〇年のバンクーバー大会に女子のスキージャンプが含まれなかったことは、男女平等を定めるカナダの人権と自由の憲章に反するとしてカナダで裁判が行われたが、IOCがカナダに本拠地を置いていないことから、IOCが定めたルールに従っただけのバンクーバー組織委員会の責任を問うことはできないという裁定が下された。女子のスキージャンプは結局二〇一四年のソチ大会から導入された。

引用文献

Boykoff, J. (2016) *Power games: A political history of the Olympics*. London & New York: Verso.

Boykoff, J. (2013) *Celebration capitalism and the Olympic Games*. New York: Routledge.

ジョージ・L・モッセ『ナショナリズムとセクシュアリティ――市民道徳とナチズム』佐藤卓己・佐藤八寿子訳、柏書房、一九九六／一九九八年

西川長夫『〈新〉植民地主義論――グローバル化時代の植民地主義を問う』平凡社、二〇〇六年

小笠原博毅・山本敦久『やっぱりいらない東京オリンピック』岩波書店、二〇一九年

Sykes, H. (2017) *Sexual and Gender Politics of Sport Mega-Events: Roving Colonialism*. Series: Critical Studies in Sport. London: Routledge.

これは私のからだではない

モノとの
あたらしい関係について

SHIRAISHI Yoshiharu
白石嘉治

文明とは巨大建築への奇妙な意志です。その都市化の作用を神話的に「バベル」とよぶこともできるでしょう。そこでは、われわれはみずからを自然の生成から切りはなしてヒトとなり、自然を対象化されたモノとみなそうとする。さらにヒトとモノの分離を担保するために、カミの審級がつくりだされる。こうした「カミ―ヒト―モノ」の分節がベースとなる文明の統治は、おおざっぱにいって、まず古代ではカミが中心だったのでしょうし、それがやがてヒトへとうつりかわる。そして「人新世《アントロポセン》」ともいわれる産業革命以後の現代では、皮肉なことに、「人《アントロ》」よりもむしろモノによる統治があらわれです。

『統べるもの／叛くもの――統治とキリスト教の異同をめぐって』（新教出版社、二〇一九年）での討議では、こうした現代の文明のフェーズ――モノによる統治――からの離脱について考えてみました。とはいえ、その離脱の契機については、たんに「ケア」という漠然としたことばで示唆することしかできませんでした。カミやヒトによる統治に退行するのではなく、モノとの別様の関係をつくりだすことで、いかにして文明ないしバビロンのくびきからぬけだせるのか？　とりわけ、二〇二〇年のパンデミックをつうじて、いっそうモノをつうじた文明の拘束はつよめられています。われわれはひたすら「ワクチン」の到来を待望し、「テレワーク」にいそしみながらぼんやりと外をながめている。仲間たちの声やすがたは「ズーム」に格納されてしまう。文字どおりの巨大な「アーキテクチャ」が日常に浸潤しつつあります。

モノとの関係をあらためて考えてみなければならない。フーコーの『言葉と物』(渡辺一民ほか訳、新潮社、一九七四年)——英訳のタイトルは*The Order of Things*でした——やボードリヤールの『物の体系』(宇波彰訳、法政大学出版局、一九八〇年)を読み返してみるのもいいでしょう。おなじ一九六〇年代に書かれたペレックの小説『物の時代　小さなバイク』(弓削三男訳、文遊社、二〇一三年)が手がかりとなるかもしれない。ただ、われわれとしては、まずは一七世紀のスピノザの『エチカ』を瞥見しておきたい。当時の科学革命のなかで、スピノザは思考をつむいでいました。また思想史の観点からは、同時代の「崇高」や「聖体」をめぐる論争もないがしろにはできないでしょう。問われていたのはモノの表象(の可能性)であり、世界そのものが表象におきかえられることが台頭する科学的な営為の前提となっていました。だが、刻々と変化する海はほんとうに表象できるのか？　あるいはパンはキリストのたんなる表象にすぎないのか？　問いは、近代のとば口で、つまりモノによる統治の予兆のなかで発されています。『エチカ』の思考もその応答としても読みうるはずです。

精神は観念＝感情へとむかう

外界の対象があり、それが精神に表象されて、あれこれ感じたり考えたりしている。われわれはそう思いなしています。対象があって、その記号と意味があるといってもいい。あるいはのちのカントのように、われわれは対象そのものにはアクセスできないと考えることもできるでしょう。対象としてのモノがそのまま精神に思い浮かぶのではない。だから対象に表象や記号を投げいれて、そこから意味をひきだす。二〇世紀の実存主義や構造主義も意外とカント的だった――前者は対象にたいする「アンガージュマン」という「投企」によって意味をつかみとろうとし、後者は対象そのものではなく「構造」をつねに問いました――のでしょうし、われわれの日常じたいについてもおなじことがいえるはずです。つまり、たとえば買物や賃労働をするときも、記号にすぎない貨幣を対象に投入することで、その価値＝意味をつかみとろうとしている。

江川隆男の卓抜かつ精緻な『エチカ』の読解は、こうしたわれわれの日常の実践にも浸透している三つ組み――「対象―記号―意味」ないし「対象―表象―観念」――を端的にしりぞけるところから、スピノザの特異な思考をつまびらかにしています（『スピノザ『エチカ』講義――批判と創造の思考のために』法政大学出版局、二〇一九年）。スピノザにとって心身はごくシンプルに並行している。われわれには身体と精神があるだけです。とうぜんのことながら、身体は外界にさらされています。ほかの身体や物体のなかでつねに「変様」（affectio）がもたらされる。そしてこの身体の変様と並行して、精神には「感情」（affectus）が生じる。スピノザにとっての「観念」とは、身体の変様と並行した感情のことであり、こうした心身の並行論の賭け金について江川はつぎのようにいいます。

観念の対象は、自己の身体の存在であり、正確に言うと、外部に存在する他の物体からの自己の身体の触発、自己の人間身体の変様である。したがって、観念は、実際には、そうした身体の存在の変様についての観念、つまりその認識の様式、理解の仕方である。したがって、観念の集合体としての精神はそれ自体、自己の身体の存在そのものとしての無数の諸変様と同様の多様体として存在する。それゆえ身体をモデルにして精神を考える限り、精神という〈観念―多様体〉に、これを改めて統合したり統一したりするようないかなる超越的機能素も導入する必要などない。

（江川、同書、三二頁）

先にふれた三つ組みでは、対象をとらえる精神のはたらきは、記号／意味、ないし表象／観念というかたちに階層化されていました。ガリレオの諸説を知悉していたデカルトが、単純な図形は頭のなかに表象できるが、複雑になると観念でとらえるほかないといっていたことを想いおこしておきましょう。ここから記号や表象にたいする意味や観念の優位がもたらされます。あるいは坂部恵の「精神史」にしたがうならば、そうした意味や観念の優位にみてとれるのは、中世の唯名論にはじまり、一八世紀末のカントにいたる「理性」の制覇でもあるでしょう(『ヨーロッパ精神史入門——カロリング・ルネサンスの残光』岩波書店、一九九七年)。意味や観念をになう理性は精神の統覚であり、そこにはコギトや自由意志がやどる。そのかぎりにおいて、われわれの主観は字義どおりの主観的なものとなり、身体をたんなる客体として自由にあつかえると同時に、モノの客観性にたいしていわば手出しができなくなる。一九世紀以後の自由主義と科学主義のなかで、モノによる統治が亢進していったことは偶然ではありません。理性にもとづく精神はたしかに自由でしょうが、身体から切りはなされているかぎりにおいて、人新世の悲惨にたいして無力であるほかない。

それにたいして、スピノザの精神においては、理性の孤絶した高所もなければ、観念や意味の位階秩序もありません。精神はただ、身体とともに変様するだけであり、発生した観念=感情の「多様体」には「これを改めて統合したり統一したりするようないかなる超越的機能素も導入する必要などない」。こうしたスピノザの精神のありようから、そこに「無意識」の発見をみてとることもできるでしょう。「無意識」ということばじたいは、一九世紀のはじめから使われはじめます。理性ないし「意識」が君臨するモノによる統治の本格化とともに、そこから排除されたスピノザ的な精神のはたらきが、それとしてあらためて名ざされたと考えるべきでしょうか？　いずれにせよ、理性の自由を謳うブルジョワジーにとって、性的な欲望を導入したフロイトの精神分析はスキャンダルでした。同様のことは「身体をモデルにして精神を考える」スピノザについてもいえます。精神と身体はたがいに前提し、その並行関係において「触発」が生じる。精神に発生する無数の観念は感情の変様であるほかない。したがって、精神のはたらきとは、そうした観念＝感情から表象や記号を十全に展開することであり、スピノザのいう「倫理」は表象や記号を観念＝感情との連続のうちにとらえかえしつつ、身体による精神の触発に忠実に生きることにほかなりません。

崇高と聖体の最小回路

一九八〇年代に崇高の「流行」が宣言されます（ミシェル・ドゥギー編『崇高とは何か』梅木達郎訳、法政大学出版局、一九九九年）。「流行」がネオリベラリズムの浸透とともにあったことは注目すべきでしょう。崇高（sublime）とは、まずは蒸留化（sublimation）の作用であり、じっさいにネオリベラルな金融資本はローカルな営みを揮発させていきました。美学的には、巨大すぎて表象できないものも崇高の範疇にはいります。グローバルな資本の運動は、その意味でも崇高です。

　こうした崇高概念は、古代ローマの偽ロンギノスの『崇高論』が一六七四年にフランスの詩人ボワローによって翻訳されたことからもちいられるようになりましたが、ボワローにとっても事態はわれわれと類比的であったと思われます（*Traité du Sublime*, in *Œures completes de Boileau*, Les Belles Lettres, 1942）。当時のルイ一四世の親政は、その戦争にせよ宮殿の建築にせよ、こんにちのネオリベラルなグローバリズムと同様に、なかば表象不可能な規模に達していると受けとめられていました。そこには「曰く言い難い（je ne sais quoi）」ものの発現があり、表象の臨界の経験が崇高の名のもとに語られます。

だが同時に、ボワローの兄弟が神学者として、当時の聖体をめぐる論争にかかわっていたことも等閑視できないでしょう。論争では、聖餐のパンにおけるキリストの臨在（présence réelle）が問われていました。プロテスタントにとっては、パンはキリストを指示する記号にすぎません。そこには「対象―記号―意味」の安定した見取り図がある。それにたいして、カトリックはパンの実体がキリストに変化したと信じる。しかも論争をつうじて、たとえばボワロー兄弟と親しかったポール・ロワイヤルの神学者たちは、聖体における臨在を「すべての記号の母胎」へと練りあげます（ルイ・マラン『食べられる言葉』梶野吉郎訳、法政大学出版局、一九九九年）。その詳細にはたちいらないとしても、たしかなことはもはや記号と意味の二元論がはたらいていないことです。「これは私のからだである」という言表において、パンはたんなる記号ではなく、表象不可能なキリストの身体へとむかう。ここに表象不可能なものの呈示という、崇高とおなじ論理をみてとることは容易です。崇高は君主の偉業の表象の不可能性についていわれるだけではなく、記号や表象の限界をふみこえようとする精神のはたらきを名ざすものでもあるでしょう。

くりかえしますが、スピノザにとって、精神は身体の触発による観念＝感情の多様体でした。記号や表象もそこから派生しますが、それらに拘泥するかぎり観念の発生から遠ざかってしまう。逆に、無限に変様する身体の自然へとむかわなければならない。みいだされるのは観念＝感情の変様であり、それは無意識のように表象しがたいものです。精神はそれにむかって表象や記号の臨界をふみこえようとする。崇高や聖体とおなじ精神の運動がはたらいています。江川隆男はそれを「最小回路」とよびます。われわれは記号や表象をかさねて「巨大回路」をつくりあげてしまう。記号や表象は容易に操作できるので、そこに安住してしまう。だが、身体やその触発による観念＝感情は見失われている。だからよく生きるためには、そうした「巨大回路」は「最小回路」へと「減算」されなければならない。われわれはこうしたスピノザの「倫理」において、崇高や聖体をとらえなおすべきでしょう。圧倒的なルイ一四世の統治のもとで、なぜ崇高が語られたのか？　王権の演出する記号や表象に封じこめられた宮廷人の跋扈にたいして、身体そのものへとむかう崇高を語ることにはなにが賭けられていたのか？　あるいは科学主義と親和性の高いプロテスタントの聖体の論理にたいして、記号の表象作用を身体へといわば「減算」していく。そうしたふるまいは神学的な議論にとどまるものだろうか？　詩人や神学者たちが聖体や崇高にみてとったのは、スピノザが生きようとした精神の始原の境位ではなかったのか？　いずれにせよ、たしかなことは晩年のボワローは宮廷からしりぞいてなかば隠棲し、ポール・ロワイヤルの修道院は王権による厳しい弾圧をうけたということです。

＊

イタリアの理論家ビフォはパンデミック後についてつぎのようにいっています。

　政治的にはふたつの可能性に直面している。暴力を手段として資本制経済を再起動する技術全体主義システムがひとつ。あるいは人間的活動の資本制の抽象化（搾取）からの解放による、有用性に依拠した分子的社会の創造。／（…）／わたしには潜在性の方が興味深いので、ここでは確率的な可能性を超えて考えてみたい。そして潜在的な可能性は、抽象化の破綻と具体的なニーズの担い手としての物質的身体の劇的な回帰、これらの内に孕まれている。使えるかどうかが、社会的な領野にかえってきた。資本制における抽象的価値化過程の下で長らく忘却され否定されてきた有用性が、いま舞台の王座につく。／検疫期間中、工場は閉鎖され自動車も動き回れないので天空は澄みわたり大気中の汚染粒子も消えた。わたしたちはノーマルな公害と搾取の経済に復帰すべきなのだろうか？／蓄積のための破壊と交換価値のための無意味な加速のいつもの狂乱をとりもどすべきなのだろうか？／まさか、そうではなく有用なものの生産を基盤としたひとつの社会をつくる方へと歩みを進めるべきなのだ。
（「破綻を超えて：その後の可能性について、三つの沈思黙考」櫻田和也訳、ブログ「ＨＡＰＡＸ」二〇二〇年四月六日）

いくつかの留保が必要でしょうが、ビフォのいう「物質的身体の劇的な回帰」については同意しておきたい。それは身体と精神のスピノザ的な並行論からの再開でもあるはずです。たとえば、オリンピックは文明による動員にすぎません。そこでは巨大建築の意志が実現されるのでしょう。資本制というモノによる統治のもとで、われわれはそうした「抽象化」をしいられてきました。しかも、いまや表象と記号の「巨大回路」である「技術全体主義システム」がたちあがりつつある。にもかかわらず、いわばパンデミックの崇高のなかで、身体へとむかう思考の徴候もみいだせるのではないか？　われわれがスポーツへと誘導されてしまうのも、身体へとむかう精神の運動を知っているからではないか？　すくなくとも、文明の延命をめざした拘束のなかで、これは私のからだではないという思いはいっそうつよまっている。われわれは「具体的なニーズの担い手」となるだけではないでしょう。身体による精神の触発のもとで、たんなる「有用性」をこえたモノとの別様の関係が生きられるのではないか？　先にふれた『崇高とは何か』を編纂したドゥギーが詩人として「愛着（attachment）」を語ったことを想いおこしましょう（『愛着――ミシェル・ドゥギー選集』丸川誠司訳、書肆山田、二〇〇八年）。パンデミック後の、あるいは文明後の「ケア」とは、記号や表象の減算のはてにみいだされる「愛着」にねざすはずです。そのとき、観念＝感情の無限の変様とともに、われわれは「これは私のからだである」とほがらかに言明できるにちがいありません。

執筆者プロフィール

有住 航（ありずみ・わたる）

一九八二年生まれ。大阪・釜ヶ崎育ち。関西学院大学大学院神学研究科、世界教会協議会（ＷＣＣ）ボセーエキュメニカル研究所で学ぶ。現在、日本基督教団下落合教会牧師。農村伝道神学校非常勤講師。専門はエキュメニカル運動史・エキュメニカル神学、解放の神学など。

いちむらみさこ

二〇〇三年から東京の公園に暮らす。ホームレス女性のつくる布ナプキンのブランド「ノラ」を立ち上げる。「女性と貧困ネットワーク」の発足にかかわるなど、多面的に活動中。著書に『Dear キクチさん、』（キョートット出版）がある

酒井隆史（さかい・たかし）

大阪府立大学教員。著書に『通天閣——新・日本資本主義発展史』（青土社）、『暴力の哲学』『完全版　自由論』（河出書房新社）、訳書にデヴィッド・グレーバー『負債論』（以文社）など。

入江公康（いりえ・きみやす）

非常勤講師。専門は社会思想史・労働運動史など。著書に『眠られぬ労働者たち』（青土社）、『現代社会用語集』（新評論）など。

塚原東吾（つかはら・とうご）

一九六一年東京生まれ。神戸大学教授。専門は科学史・科学哲学、ＳＴＳ（科学技術社会論）。共編著に『科学技術をめぐる抗争』（岩波書店）、『帝国日本の科学思想史』（勁草書房）、訳書に『オランダ科学史』（朝倉書店）、『医師の社会史』（法政大学出版局）など。

田中東子（たなか・とうこ）

一九七二年生まれ。大妻女子大学文学部教授。専門はメディア文化論、ジェンダー・スタディーズ。著書『メディア文化とジェンダーの政治学』（世界思想社）、共著『出来事から学ぶカルチュラル・スタディーズ』（ナカニシヤ出版）、訳書にポール・ギルロイ『ユニオンジャックに黒はない』（月曜社）など。

坂井めぐみ（さかい・めぐみ）

一九八一年岐阜県生まれ。現在、立命館大学衣笠総合研究機構専門研究員、私立大学非常勤講師。専門は医療史・医学史。著書に『「患者」の生成と変容――日本における脊髄損傷医療の歴史的研究』（晃洋書房）、共著に『知のフロンティア』（ハーベスト社）など。

井谷聡子（いたに・さとこ）

一九八二年兵庫県生まれ。現在、関西大学文学部准教授。専門はスポーツとジェンダー・セクシュアリティ研究。著作に「男女の境界とスポーツ――規範・監視・消滅をめぐるボディ・ポリティクス」『思想』（岩波書店）、「〈新〉植民地主義社会におけるオリンピックとプライドハウス」『スポーツとジェンダー研究10』（日本スポーツとジェンダー学会）など。

白石嘉治（しらいし・よしはる）

一九六一年生まれ。フランス文学者。上智大学ほか非常勤講師。著書に『不純なる教養』（青土社）、共著に『増補　ネオリベ現代生活批判序説』（新評論）、『文明の恐怖に直面したら読む本』（Pヴァイン）、『統べるもの／叛くもの』（新教出版社）など。

現代のバベルの塔——反オリンピック・反万博

2020年6月30日　第1版第1刷発行

新教出版社編集部 編

発行者　小林 望

発行所　株式会社新教出版社
〒162-0814 東京都新宿区新小川町9-1
電話（代表） 03(3260)6148
振替 00180-1-9991

ブックデザイン　宗利淳一

装画　武盾一郎

印刷　モリモト印刷株式会社

ISBN978-4-400-40750-8　C1016

オビ文参照URL（すべて2020年6月4日閲覧）

麻生太郎「呪われたオリンピック」（朝日新聞2020年3月18日）
https://www.asahi.com/articles/ASN3L7HDCN3LUTFK02P.html

森喜朗「神は私と東京五輪にどれほどの試練を与えるのか」（毎日新聞2020年3月23日）
https://mainichi.jp/articles/20200323/k00/00m/050/344000c

安倍晋三「人類が新型コロナに打ち勝った証」（首相官邸3月24日）
https://www.kantei.go.jp/jp/mail/back_number/archive/2020/back_number20200330.html